姑苏符号

苏州园林

《姑苏符号》编委会　编

苏州新闻出版集团
古吴轩出版社

图书在版编目（CIP）数据

姑苏符号. 苏州园林 /《姑苏符号》编委会编. --苏州：古吴轩出版社, 2019.12（2023.8重印）
ISBN 978-7-5546-1436-5

Ⅰ. ①姑… Ⅱ. ①姑… Ⅲ. ①苏州－概况 Ⅳ. ①K925.33

中国版本图书馆CIP数据核字(2019)第239323号

策　　划：唐伟明　陆月星
顾　　问：叶正亭
特约专家：柯继承　余　嘉
责任编辑：陆月星
见习编辑：张雨蕊
装帧设计：戴玉婷
封面设计：刘雨馨
责任校对：鲁林林
插　　画：星　火　刘雨馨
摄　　影：祁金平　钟敏强　吴万一　毕晓华
　　　　　唐伟明　张　颖　戴玉婷 等

书　　名：姑苏符号·苏州园林
编　　者：《姑苏符号》编委会
出版发行：苏州新闻出版集团
　　　　　古吴轩出版社
　　　　　地址：苏州市八达街118号苏州新闻大厦30F
　　　　　电话：0512-65233679　　邮编：215123
出 版 人：王乐飞
印　　刷：无锡市证券印刷有限公司
开　　本：787mm × 1092mm　1/16
印　　张：8.25
版　　次：2019年12月第1版
印　　次：2023年8月第2次印刷
书　　号：ISBN 978-7-5546-1436-5
定　　价：35.00元

编委会

人物介绍

文文

小学生，性格憨厚，有时候又有点小迷糊，喜欢阅读，遇到想不通的问题喜欢打破砂锅问到底。他的理想是长大后成为一名博学的工程师。

乐乐

文文的同学，性格开朗，喜欢打抱不平，同学中的开心果，有责任心，做事认真。长大后他想成为一名酷酷的飞行员。

小美

文文的邻居，幼儿园、小学同班同学，平时有点爱臭美，有点冷幽默，做事很有自己的主见。她想成为一名艺术家，因为弹琴、画画、跳舞她都在行。

孩子们的课外导师，爱护学生，工作热情，知识渊博，思维活跃，虽然有时候很严肃，但同学们都不怕他，因为他胖墩墩的样子实在惹人喜欢。

苏博士

文文爸爸

报社的编辑，工作时沉着、冷静，回家后温和、热情，喜欢跟文文一起读书、运动、旅游。希望与儿子建立起铁哥们一样的关系。

目 录

社会实践课活动地图

留园
艺圃
环秀山庄
曲园
怡园
可园
西中市
桃花坞大街
东中市
中街路
景德路
景德路
养育巷
干将西路
道前街
道前街
侍其巷
书院巷
新市路
新市路
人民路
人民路

寺塔
齐门路
北街
拙政园
东北街
百家巷
狮子林
塔西路
白塔东路
临顿路
平江路
仓街
耦园
前街
《平江图》碑
干将东路
凤凰街
十梓街
十梓街
十全街
十全街
带城桥路
网师园
沧浪亭
颜文樑纪念馆
竹辉路
竹辉路
退思园

拙政园关键词

★ 王献臣、文徵明

★ 兰雪堂、远香堂、十八曼陀罗花馆、卅六鸳鸯馆

★ 小飞虹、香洲、玉泉、见山楼、藕香榭

★ 与谁同坐轩、荷风四面亭

★ 周瘦鹃《观莲拙政园》

第一单元

拙政园

1 信有山林在市城——拙政园

苏博士导读

同学们，一提到苏州，你的脑海里马上想到的是什么？

苏州园林。

是啊，园林已经成为苏州最具代表性的一张名片。大家知道苏州有哪些园林吗？

我知道拙政园、网师园、狮子林、留园。

我还知道沧浪亭、耦（ǒu）园、怡园、可园。

大家知道的还真不少！这一学期呀，我就带大家去逛逛苏州的园林。我们的第一站就是拙政园。带好你们的实践小背包，大家跟我出发吧！

苏博士课堂

苏州拙政园，是中国园林的杰出代表，也是江南私家园林典范，以其典雅秀丽的景色、疏朗自然的风格、悠久的人文历史、丰富的文化内涵、高超的造园艺术而著称于世。它与北京颐和园、承德避暑山庄、苏州留园并称中国四大名园，在四大名园中历史最为悠久。

拙政园的第一任园主名叫王献臣，原是明朝的一位官员，因仕途失意回到故里苏州，在一座寺庙的旧址上兴建这座宅园，历时二十年，终于建造完成这个后来名冠江南的杰作。为了使宅园更富文化品位，在造园过程中，他邀请了好友——吴门画派的代表人物文徵明，参与造园设计。文徵明还留有《拙政园三十一景图》，用传统的笔墨，勾勒出了拙政园的各个景点。

文徵明《小飞虹》

拙政园园景以水为主，疏朗平淡，近乎自然，表现出强烈的中国山水画的审美意境。“一池三岛”的格局成为后世造园的范本。园名取自西晋文人潘岳《闲居赋》中“筑室种树，逍遥自得……灌园鬻（yù）蔬，供朝夕之膳……此亦拙者之为政也”之句，表示自己把浇园种菜作为自己（拙者）的“政”事。

五百多年来，拙政园屡易园主。拙政园里住过的名人不少，有钱谦益与柳如是，有吴三桂的女婿，有太平天国的李秀成，还有李鸿章……他们时而风光显贵，时而落魄狼狈，园子的状态则在整饬一新与荒凉颓败中反复切换。历史上该园曾一分为二，又一分为三，再合而为一，沧桑变迁，园名时变，或为私园，或为官府，或散为民居，直到中华人民共和国成立后，被收归国有，拙政园才完璧合一，恢复初名。

这一大观园式的古典园林，以其巧为布局的山岛、竹坞、松冈、曲水之趣，及各式亭、台、楼、阁建筑，被誉为“天下园林之典范”。

拓展问答

苏博士，我们知道了中国四大园林，那苏州四大名园又是哪四座园林呢？

“江南园林甲天下，苏州园林甲江南。”苏州园林是江南古典园林的代表，其中沧浪亭、狮子林、拙政园、留园分别体现了宋、元、明、清四个朝代的造园艺术风格，被称为“苏州四大名园”。

苏博士，我们已经知道文徵明与沈周、唐寅、仇英合称“吴门四家”，文徵明还是“江南四大才子”之一，那其他几位才子是谁呢？

“江南四大才子”，又称“吴门四才子”，是指明代时生活在苏州的四位才华横溢、在诗文书画上有很高造诣的文人，他们是唐寅（伯虎）、祝允明（枝山）、文徵明和徐祯卿。

课外活动

1. 搜集拙政园春夏秋冬四季的美景图片，六人小组合作，制作成PPT，大家一起交流欣赏。

2. 了解一下被列入《世界遗产名录》的中国园林有哪些，其中苏州有几座。

“江南四大才子”雕塑

2 天下园林之典范

苏博士导读

同学们，上节课，我们穿越时光隧道，了解了拙政园的历史变迁，还记得参与拙政园造园的是哪位名人吗？

我记得，是文徵明！

没错。作为诗、书、画三绝的吴门画派领袖，文徵明把自己的文人美学思想融入了造园理念。而且，他也有着怀才不遇、仕途坎坷的经历，与王献臣惺惺相惜。文徵明曾先后多次画过拙政园图，其中《拙政园三十一景图》堪称精品。

现在的景点和画中的一样吗？

不一样了，但还能看到部分传承印痕。同学们在参观的时候也可以留心哪里和图画中的相似，用相机和画笔记录下来吧！

兰雪堂漆雕《翠竹图》

苏博士课堂

拙政园全园分为东、中、西和住宅四个部分。

从园门进去便是东花园。入园后，首先映入眼帘的是东花园的主厅“兰雪堂”。兰雪堂是东部的重要厅堂，堂名取意于李白“独立天地间，清风洒兰雪”的诗句，象征着主人潇洒如春风，洁净如兰雪的高尚情操。兰雪堂坐北朝南，三开间，环境幽静。堂正中有屏门相隔，中间屏门上有一幅漆雕画，是拙政园的全景图。屏门北面为《翠竹图》，全部采用苏州传统的漆雕工艺，屏门两边的隔扇裙板上刻有山水人物。

走出兰雪堂，迎面是一座假山，青翠的竹林和古树簇拥着一座巨大的石峰。这座石峰状如云朵，岿(kuī)然兀立，叫作缀云峰。西侧有两块形状怪异的湖石，取名“联璧”。两石中间夹着一条羊肠小道。缀云峰像一座巨大的屏风，挡住来宾们的视线，这种“进门见山”的造园手法，被称作“障景”，起着引人入胜的作用。许多人来到这里，都有一种“似曾相识”的感觉。这是因为，看过中国古典文学巨著《红楼梦》的人都知道，书中描写的大观园进门处的假山，同这座假山极为相似。

远香堂位于拙政园中部，它既是中园的主体建筑，又是拙政园的主建筑，园林中各种各样的景观都是围绕这个建筑展开的。堂的北面是宽阔的平台，平台连接着荷花池。每逢夏天，池塘里荷花盛开，微风吹拂时，就有阵阵清香飘来。因而取宋代学者周敦颐《爱莲说》中“香远益清”的意境，名为远香堂。远香堂四面都是美景，又是文人墨客游园的必到之处，因此题额、楹联等很集中。

除了远香堂，拙政园中园还有荷风四面亭等，名称亦与荷花有关。园主如此推崇荷花，主要是为了表达孤高不群的清高品格。

拙政园西部的主要建筑是鸳鸯厅，这厅是一厅两名，厅南半部叫“十八曼陀罗花馆”，厅北半部叫“卅（sà）六鸳鸯馆”。鸳鸯厅是古

建筑中一种有趣的形式，南半部宜于冬、春，北半部宜于夏、秋。这里是当时园主人宴请宾客和听曲的场所，厅内陈设考究。窗上白色和蓝色的玻璃相间，十分别致。

拙政园以山明水秀、楼阁疏落的风貌自然营造出了居尘而出尘的气质。“绝怜人境无车马，信有山林在市城。”身处拙政园，可得山林之趣。

拓展问答

苏博士，为什么这座厅堂叫十八曼陀罗花馆和卅六鸳鸯馆呀？

曼陀罗花是山茶花的别名。馆南有小院，栽植多株名贵山茶花，故称为“十八曼陀罗花馆”。“卅”指数字三十，卅六鸳鸯馆北边的小池塘中曾经养了数对鸳鸯，效仿霍光大将军“园中凿大池，植五色睡莲，养鸳鸯卅六对，望之烂若披锦”。

“绝怜人境无车马，信有山林在市城。”这两句诗很有韵味，出自文徵明《拙政园图咏》中的一首诗。一起来读一读这首诗吧！

会心何必在郊坰(jiōng)，近圃分明见远情。流水断桥春草色，槿篱茆(máo)屋午鸡声。绝怜人境无车马，信有山林在市城。不负昔贤高隐地，手携书卷课耕童。

课外活动

拍摄或手绘拙政园，将你的作品制作成展板，在校园展出吧！

3 香洲与玉泉

苏博士导读

同学们，上节课，我们对拙政园进行了实地考察。你们印象最深刻的是哪里呢？

我觉得“小飞虹”这个名字很美，原来它是廊桥的名字！

小飞虹是苏州园林中极为少见的廊桥。它微微隆起，倒影在水中宛若飞虹，得名于鲍照《白云诗》诗句“飞虹眺秦河，泛雾弄轻弦”。这个比喻是不是很巧妙呢？小飞虹东接曲廊，西接得真亭，它不仅是连接水面和陆地的通道，而且构成了以桥为中心的独特景观，是拙政园的经典景观。

我觉得香洲很美。

我对玉泉很感兴趣。

这些景点各有特色，那我们就再来看看它们的魅力吧！

苏博士课堂

从拙政园廊桥小飞虹西行，循河再向北一拐，绕过湖石假山，眼前顿时一亮，一座秀丽静美的建筑出现在我们面前。它，就是香洲。

香洲是拙政园中的标志性景观之一，为典型的“舫（fǎng）”式结构，有两层舱楼，通体高雅而洒脱。它的身姿倒映在水中，越发显得纤丽雅洁。

“舫”在中国园林里是可以经常看到的，苏州人又叫它“旱船”“石船”，无论是皇家园林还是私家园林，也不分南方北方，苏州的狮子林、退思园，北京的颐和园、圆明园里都有。它的外形尽管千姿百态，但都精致秀丽，构成园中一景。“舫”在选址上也很有讲究，通常靠近水边，立在最具有赏景视角的地方。站在石舫上看水上、陆上的景色，都平添另一种兴致。石舫的出现，还和中国传统的文化背景、哲学思想以及文人的心理追求有关。李白有诗曰：“人生在世不称意，明朝散发弄扁舟。”自古以来，人们总是把人生在世比作水中行船：顺水推舟、逆水行舟、风雨同舟……从这里，也可以想象过去园主人设置石舫所追求的理想与审美情趣——他们都借石舫表达对一帆风顺、平安康和的祈求，尽管石舫并不能起锚出航，更不能乘风破浪。

在中国古典园林众多的石舫中，拙政园香洲大概称得上是造型最美观的一个。船头是台，前舱是亭，中舱为轩，船尾是阁，阁上起楼，线条柔和起伏，比例大小得当，使人想起古时候苏州、杭州、扬州一带山温水软、画舫如云的繁盛景象。

苏州古典园林中的水井，以拙政园为最。在远香堂东南侧牡丹花台旁，有一口珍贵的“玉泉”古井，据说这是王献臣建园时开凿的。由于历史变迁，古井曾被盖没。如今，根据明代书画家文徵明的写实作品《拙政园三十一景图》，按原址原样巧妙恢复。其明式高腰青石井圈，是从西山一处古民居庭院中觅来的，安在井口天衣无缝。井圈外壁镌有“玉泉”二字及文徵明诗，诗拓自原文徵明手写楷书：“曾勺香山水，泠然玉一泓。宁知隔瑶汉，别有玉泉清。修绠（gěng）和云汲，沙瓶带月烹。何须陆鸿渐，一啜（chuò）自分明。”完整再现的玉泉古井，丰富了拙政园的“地泉”和“明井”奇观。

拓展问答

爸爸，能介绍一下见山楼吗？

拙政园的见山楼楼高两层，三面环水，西侧傍山，从西部可通过平坦的廊桥进入底层，而上楼则要经过爬山廊或假山石级。它是一座江南风格的民居式楼房，粉墙黛瓦，色彩淡雅，楼上的明瓦窗保持了古朴之风。底层被称作"藕香榭"，上层为见山楼，原名梦隐楼。清咸丰年间，太平天国忠王李秀成在此办公。李秀成觉得楼名消极，改为见山楼。在楼上远眺，可将园中美景尽收眼底。

课外活动

选择拙政园里的一处景点，写一段解说词。

4 拙政园里赏佳句

苏博士导读

同学们，我们在拙政园里游览，去寻故事，相信每一位同学心里，都有自己描绘的拙政园。关于拙政园，很多名家都留下过诗文画作。你们读过哪些作品呢？

我知道文徵明写过《王氏拙政园记》，古文有点难懂。我还知道沈德潜写拙政园有一名句为“不离轩堂而共履闲旷之域，不出城市而共获山林之胜”。

文文的阅读量真是惊人！拙政园中的楹联匾额可都出自名家手笔，我们来读一读吧。

苏博士课堂

文徵明《王氏拙政园记》载：“凡为堂一，楼一，为亭六，轩、槛、池、台、坞、涧之属二十有三，总三十有一。”给这么多的亭台楼阁取名字不是容易事，而拙政园里的每一处景点名称都有其出典。

与谁同坐轩，取苏轼《点绛唇》词句“与谁同坐，明月清风我”为轩名；玲珑馆，取苏舜钦诗句“日光穿竹翠玲珑”为馆名；得真亭，取《荀子》“至于松柏，经隆冬而不凋，蒙霜雪而不变，可谓得其真矣”（一说左思《招隐》“竹柏得其真”）为亭名……这些名字有的俏皮，有的秀美，有的以表心志，显示出取名者和园主人的修养与品位。

从东面走廊进鸳鸯馆之前，可看见砖雕篆书门额“得少佳趣”四

字。对于这四个字的意思，有多种理解，可以理解成知足常乐，也可以理解成渐入佳境，还可以理解成以少胜多。北半厅东西两出入口有篆书“迎旭”“延爽”，南半厅东西门有篆书“来熏”“纳凉”，两相呼应，颇有一来一往之趣。北半厅题匾为“卅六鸳鸯馆”，南半厅题匾为“十八曼陀罗花馆”，分别是苏州清代同治七年（1868）状元洪钧和同治十三年（1874）状元陆润庠（xiáng）亲笔。巧的是，两位状元公为儿女亲家，且“洪”音同“红”，而在苏州话里，“陆”音同“绿”，于是，苏州人因其姓氏谐音戏称之为“红绿状元”。鸳鸯厅又植入了新的含义。

厅堂还有几条楹联十分引人注目。一副是晚清名家高邕（yōng）以词牌名集句而成：“绿意红情，春风袅娜；高山流水，琴调相思。”高邕的原联已经不在，1984年由林散之重书为：“绿意红情，春风夜雨；高山流水，琴韵书声。”另一副楹联为：“燕子来时，细雨满天风满院；阑干倚处，青梅如豆柳如烟。”此联为张履谦集欧阳修《六一词》句而成，原为清末维新派江标书，已佚，现联语为沈鹏补书。

荷风四面亭有一副抱柱联很有味道，“四壁荷花三面柳，半潭秋水一房山”，系仿山东济南大明湖铁公祠的一副对联“四面荷花三面柳，一城山色半城湖”改作。这副对联巧妙地点出了在这里可观赏到的四季之景：春柳轻，夏荷艳，秋水明，冬山静。

江南的精致和江南人的细腻散落在园子里，等有心人去品赏。这里有“露香红玉树，风绽紫蟠桃”，也有“风静林还净，天宽水亦宽”，这风景和百年前的诗人们看过的一样又不一样，但园林与园林里的文字终究不朽。

拓展问答

从古至今，文豪们不断地用笔墨赞赏拙政园，诗文与园林互相成就。近现代也有许多描写拙政园的名家散文。下面我们来欣赏两段周瘦鹃《观莲拙政园》中的文字吧。

从东部新辟的大门进去，迎面就看到新叠的湖石，分列三面，傍石植树，点缀得楚楚可观，略有倪云林画意。进园又见奇峰几座，好像是案头大石供，这里原是明代侍郎王心一归田园遗址，有些峰石还是当年遗物。这东部是近年来所布置的，有土山密植苍松，浓翠欲滴；此外有亭有榭，有溪有桥，有广厅作品茗就餐之所。

……

并蒂到处都是，并且一花中有四五芯，七八芯，以至十三个芯的，花瓣多至一千四百余瓣。只为负担太重了，花头往往低垂着，使人不易窥见花芯，因此苏州培养碗莲的专家卢彬士老先生所作长歌中，曾有"看花不易窥全面，三千莲媛总低头"之句，表示遗憾，其实我们只要走到水边，凑近去细看时，还是可以看到那捧心西子态的。

课外活动

找一找拙政园中的楹联、匾额，摘抄你喜欢的句子，做成精美的书签。

社会实践课　游拙政园

苏博士去哪儿

拙政园是苏州占地面积最大的园林，我提议，今天不如我们分头行动，按照不同的线路游览吧？

这样交流的时候，我们也能分享不同的风景！

别忘了老师布置的作业——带上画笔和笔记本，把一路的美景与知识点都记录下来。

同学们在游园的时候要跟紧导游的步伐，一边听讲解一边欣赏拙政园，了解背后的故事和其中的文化寓意，会有更多体会。

微旅游路线推荐

入口——兰雪堂——缀云峰——芙蓉榭——天泉亭——秫（shú）香馆——梧竹幽居——待霜亭——雪香云蔚亭——荷风四面亭——见山楼、藕香榭——倒影楼——与谁同坐轩——卅六鸳鸯馆、十八曼陀罗花馆——宜两亭——香洲——小飞虹——远香堂——海棠春坞——听雨轩——东出口

同学们，你们也可以设计属于自己的拙政园微旅游路线，出发吧！

完成微记录

选择一种完成

1. 拙政园寻荷

（1）寻找拙政园中名称与荷花有关的建筑，绘制建筑卡片，介绍它们的位置、名称、类型；

（2）欣赏拙政园中不同种类的荷花，除了池塘中的荷花，还有缸荷与碗荷，画一画你最喜欢的荷花；

（3）摘抄名家咏拙政园荷花的诗句。

2. 制作“拙政园文化手抄报”：

（1）记录游园过程中看到的楹联、匾额、题词等；

（2）拍摄相关照片，查阅资料，理解意思；

（3）设计文化手抄报，为每张图片配上解说词。

留园关键词

★ 徐泰时、刘恕、盛康、盛宣怀

★ 留园法帖

★ 留园三峰、留园三宝

★ 苏派盆景；朱子安

第二单元

留园

1 长留天地间——留园

苏博士导读

苏州四大名园，我们已经游览了拙政园。今天，我们将再一次启程，前往四大名园中的留园。拙政园代表明代的造园艺术风格，而同样始建于明代的留园更多地体现清代的园林特色，有谁知道这是为什么吗？

我想这可能与园主人的更换有关。

的确是这样。与拙政园建造初期就形成大致格局不同，留园经过数次规模较大的修缮和改建，也几易园名。现在，让我们了解一下留园的历史变迁吧。

苏博士课堂

有道是“苏州好，城里半园亭”。留园的门很小，高不过2米，宽不过1.5米，很不起眼。低调而不张扬，这正是苏州私家园林的典型特征之一。

清俞樾《留园记》中记述：“咸丰中余往游焉，见其泉石之胜、花木之美、亭榭之幽深，诚足为吴中名园之冠。”留园门厅正中上方便悬挂着顾廷龙所书匾额“吴下名园”。大型漆雕屏风上是留园的全景图，这幅图制作于1985年，由扬州艺人所雕，用2500块玉石镶嵌而成，寓意为苏州建城2500周年。通过这幅全景图，我们可以看到留园分为四个部分：中部是精华所在，以山水见长；东部以庭院建筑取胜；北部具有农村田园风光；西部林木高耸，尽得山林野趣。

那么，这座园林为什么叫“留园”呢？其实，留园一开始并不叫这个名字。它最早建于明代万历年间，第一任主人徐泰时曾经当过工部营缮郎中——主管皇家宫廷、陵寝建造、修理等事，所以他对建筑是有一番研究的。徐泰时在遭人弹劾而罢官回乡以后，修建了东、西两园——东园就是今天的留园；西园后来被他的儿子捐作寺庙，也就是今天的西园寺。

到了清代嘉庆年间，东山人刘恕买下了东园的旧址进行整修和扩建。因为园内多植白皮松，竹色清寒，波光澄碧，所以取名为“寒碧山庄”；园子前面有一条路叫花步里，所以园子又名“花步小筑”；又因为主人姓刘，所以老百姓都叫它“刘家花园”。

光绪年间，曾任湖北布政使的盛康买下了日趋荒废的刘家花园，进行了大范围的修葺，改名为“留园”。改名的一个原因是“刘家花园”的“刘”与“留园”的“留”谐音，这是园林易主常用的一种改名方法（袁枚曾将“隋园”更名为“随园”）；再有，盛康在整修花园时，曾发现一块“长留天地间”的石碑，据说是明代的刘伯温写的，他想，这个花园历经战火仍然保留下来，沧桑变迁，花园依旧，极为不易，希望留园能永远留在盛家手中。至此，留园形成了今天的基本格局面貌。

盛康的儿子就是近代赫赫有名的实业家、洋务派重臣盛宣怀。留园在盛宣怀的经营下愈发富丽堂皇。当时，盛家家眷住在老阊门内的天库前，为方便来往留园，盛宣怀出资筑了一条路——石路，日后这一带成了苏州一大商业中心。可惜好景不长，随之而来的战火使留园又遭毁坏。

20世纪50年代，政府延请了一批学识渊博的专家和技艺高超的古建工人，对留园进行了修复。经过半年的整修，一代名园重现光彩。

拓展问答

听说从第一任主人徐泰时开始，几代园主对奇石都情有独钟？

是的，留园的众多奇石是经数代园主积累才达到了现在的规模。徐泰时曾从岳父家运回五块奇石，包括瑞云峰、冠云峰等，属于宋代花石纲遗物。刘恕对香花奇石更为钟爱，他在寒碧山庄里收藏有令他得意的十二峰太湖奇石，还一一命名为奎宿（xiù）峰、玉女峰、箬帽峰、青芝峰、累黍峰、一云峰、印月峰、猕猴峰、鸡冠峰、拂袖峰、仙掌峰、干霄峰。留园传到盛家，冠云峰等一众奇石相继入园。不过，如今瑞云峰在苏州十中，不在留园。至于瑞云峰为什么不在留园，下一课我们会讲到，同学们也可以自己了解一下。

课外活动

搜集留园春夏秋冬四季的美景图片，六人小组合作，制作成PPT，课堂上一起交流欣赏。

2 吴中名园之冠

苏博士导读

同学们，上节课我们了解了留园的历史变迁，这节课我们将实地游览留园。哪些同学已经去过留园啦？

我和爸爸、妈妈一起去过留园。

与拙政园相比，留园小一点，但美景可一点也不少。

留园以其独具一格、收放自然的建筑艺术而享有盛名。疏密有致、变化无穷的建筑空间令人叹为观止。三十余亩的留园，建筑占总面积的三分之一。现在，我们随着地图好好欣赏留园之美吧。

苏博士课堂

苏州园林大多数以“隐逸”为主题，留园也不例外。

从留园的门厅到中部花园入口处，由昏暗的过道与光亮的天井交错构成。这条五十多米长的“S”形过道是园林建筑中空间处理极为成功的例子。由小变大，由暗转明，随着空间的变化，“放”“收”“再放”“再收”，让人感觉不到过道的昏暗呆板，反而觉得很有趣味。同时，园主巧妙地借助这个过道将外界的尘嚣挡于门外，反映了主人“结庐在人境，而无车马喧”的不受外界干扰的隐逸思想，起到了欲扬先抑的效果。

从过道出来，不多久便能行至留园中部的主厅涵碧山房——清嘉庆时为“卷石山房”，同治年间称“待云山房”，后又因建筑面池，水清如碧，宛如朱熹诗“一水方涵碧，千林已变红”之景，取“涵碧”为名。“涵碧”二字不仅指池水，同时也指周围山峦林木在池中的倒影。

涵碧山房前即为中央水池，常种大片荷花，以水池为中心，观赏四季景色各有去处。绿荫轩是我们观赏春景的地方，轩旁曾种有一棵老榉树、一棵老枫树，像两把大伞遮在屋顶上。荷花台是观赏夏景的地方，夏天荷花竞相绽放，美景尽收眼底。留园曲廊是苏州园林三大名廊之一（另外两廊是拙政园的水廊和沧浪亭的复廊），这一段爬山廊高低逶（wēi）迤（yí），依势曲折，明暗相间，间以花木点缀，更显活泼，巧妙地将客人引到山上的闻木樨（xī）香轩，以观赏秋景。过了水涧、小桥，便来到可亭，周围的铺地有铁拐李的葫芦、汉钟离的扇子、吕洞宾的宝剑……这就是通常所说的“暗八仙”图案。可亭四面种有梅花，冬日雪后初晴的傍晚，坐在亭中可以看到梅花枝头残留的积雪、远处若隐若现的夕阳……

林泉耆硕之馆

水池以东的建筑群是留园游览线路中的高潮所在。其中的中心建筑五峰仙馆，取李白“庐山东南五老峰，青天削出金芙蓉”诗句为名，梁柱用楠木，又称楠木厅。此馆高深宏敞，为苏州园林中规模最大者，称“江南第一厅”。馆内陈设典雅精致而丰富，正中四扇红木银杏屏门，南刻《兰亭集序》，北刻《书谱》。后厅楠木天然几上置玉石镶嵌花果图景插屏，其西设大理石圆心大插屏，满屏烟云，两边挂落、飞罩、窗格上镌有花篮、博古及历史人物，工艺精湛。

五峰仙馆往东，过还我读书处、揖峰轩、石林小院等，另有鸳鸯厅林泉耆（qí）硕之馆，与五峰仙馆同为苏州古典园林厅堂之典范。林泉，本指山林与泉石，因其幽静远离尘俗，用以称退隐；耆硕，指年高而有德望的人，意谓老人和隐士名流游憩之所，命意庄重典雅，韵致高远。馆中用六扇银杏木屏门作间隔，南面刻俞樾撰《冠云峰赞有序》，北面刻冠云峰图。圆光落地罩双面雕枝形花纹，雕工精细，气势宏大。

与东部密集的建筑群相对的是西区疏朗的格局。留园的西北角置有一大片盆景园，西部分布着至乐亭和舒啸亭，绿植掩映，静谧安宁，富有山林野趣。

风风雨雨四百多年，留园历经沧桑，几度兴废，盛康所期望的“名园长留天地间”，在今天变成了现实。

拓展问答

我还看到留园里有非常多的碑刻。

苏州园林的特点之一是厅、廊、馆、榭等处均设置碑帖。刘恕喜书法名画，故集古今石刻环置壁间，三百多方“留园法帖”中最珍贵的是“二王法帖”（“二王”指的是晋代大书法家王羲之、王献之父子），由明代刻石高手董汉策镌刻而成。

课外活动

分一分小组，每组推选一名同学作为小导游，试着向大家介绍留园里的一处景点。

3 留园石头记

苏博士导读

自古以来，人们就非常喜欢造型奇特的石头，其中太湖石最受推崇。宋代书画家米芾将太湖石的特点归纳为“瘦、皱、漏、透”。大家觉得这是什么意思呢？

“瘦”是说石头苗条修长吧。

我想“透”的意思是石头上有很多孔洞，玲珑剔透。

“皱”和“漏”可能和石头表面的状态有关。

大家说得都很好！“皱”，指石头的表面有花纹；“漏”，指雨水不会积存在石头上，会顺着孔隙很快流出来。从瘦、皱、漏、透引申出来的清、丑、顽、拙，说明文人士大夫之所以喜欢石头，是因为其把人的情感与品德投射在石头上，对石头的要求实际上就是对人自身修养的要求。留园里的石头都不一般，这节课我们来听听它们的故事。

苏博士课堂

瑞云峰据说是北宋花石纲的遗物。宋徽宗在东京修建“寿山艮（gèn）岳”时，让朱勔（miǎn）帮他搜罗奇花异草、珍木怪石。朱勔利用手中的职权，巧取豪夺，搞得民不聊生，激起了浙江的方腊起义。苏州三山岛为开采花石基地，百姓也遭到严重的盘剥，发生了石生起义。花石纲加剧了国库空虚，很快北宋就为金所灭。当时有两块有名的太湖石，被称为“大小谢姑”，“小谢姑”没有来得及被运走，一直留在苏州。几百年后，“小谢姑”被徐泰时的岳父所得，作为女儿的嫁妆，改名为瑞云峰，放在当时的东园里，该园也因此更加出名。

乾隆下江南时，苏州地方官为了讨好皇帝，将这块石头运到苏州织造署，也就是今天的苏州十中，让皇帝玩赏，一直未搬回来。盛康买下留园后，重觅他石，也以“瑞云峰”名之。另一块奇峰——冠云峰是留园“三宝”之一，是我国现存最高的独峰、观赏假山湖石名峰。郦道元的《水经注》有“台有三峰，甚为崇峻，腾云冠峰，高霞翼岭”之句，冠云峰之名即由此而来。这两峰加上岫云峰，一共三块奇石，合称“留园三峰”。

鱼化石

后来，盛宣怀将冠云、瑞云、岫云作为他三个孙女的小名，平添了一段佳话。

冠云峰前面的池子叫浣云沼，北面有冠云楼，东面是冠云亭，还有冠云台、储云庵等几座建筑。当时主人为了烘托冠云峰的高大，有意控制周围建筑的高度，所以这周围的建筑没有比冠云峰高的。

冠云楼一楼北墙上的石头叫鱼化石，也是留园“三宝”之一。这块鱼化石呈薄片状，像云母一样层层剥开，上面有二十多条小鱼栩栩如生，头骨、脊椎骨、肋骨清晰可见，令人叹为观止。有关鱼化石最早的记载，要属《山海经》了。当时人们对石头中的鱼形图案无法解释，只好发挥想象力，把它想成龙鱼、鳖鱼，想成神仙的坐骑。那么，鱼化石是怎么形成的呢？一种解释说，是在一亿四千多万年前的侏罗纪晚期，由于火山喷发，火山灰落在河湖中，鱼虾被掩埋凝结而成的。

人们常把园林比作“立体山水画”“无声山水诗”“综合艺术博物馆”，这评价对留园来说当之无愧！

拓展问答

苏博士，我以前听爷爷说过“江南四大奇石”，其中一处就是留园的冠云峰，那还有其他几处呢？

留园的冠云峰、苏州十中的瑞云峰、上海豫园的玉玲珑、杭州西湖的绉云峰，被称为“江南四大奇石”。

苏博士，留园“三宝”，我知道了冠云峰、鱼化石，还有“一宝”是什么呀？

留园“三宝”，除了冠云峰、鱼化石，还有“一宝”一般是指五峰仙馆（楠木厅）中的大理石屏。这块大型大理石屏产自云南点苍山，直径约1.4米，石面如同一幅天然的山水画：云雾之中冈峦起伏，间有瀑布飞流直下，上方一块白色的圆斑，就像一轮圆月照耀着群山。石上跋文题诗云：“雨后静观山意思，风前闲看月精神。”

大理石屏

课外活动

画一画留园简易地图，并在地图上标出留园“三宝”的位置，互相展示一下吧。

4 留园里观盆景

苏博士导读

同学们，我们在留园里赏“三宝”，听故事，是不是已经舍不得走啦！除了怪石嶙峋，不知道你们有没有留意到留园中气韵生动的盆景呢？

苏博士，我爷爷喜欢盆景，家里还种了几盆呢。上次我们去留园，特地去逛了盆景园，它在留园的北部，大家不要错过哦！

“一匮功盈尺，三峰意出群。望中疑在野，幽处欲生云。”这是杜甫咏盆景诗中的句子。盆景是以植物和山石为基本材料，在盆内表现自然景观的艺术品，有着缩龙成寸、小中见大的艺术效果，同时以景抒怀，表现深远的意境。苏派盆景是五大盆景流派之一，留园里的盆景出自苏派盆景大师朱子安之手。

苏博士课堂

在留园的西北部，有一处幽雅僻静、别有情趣的庭院，那就是又一村内的盆景园。漫步于盆景之间，那古朴典雅、千姿百态的盆景，给人以美的享受。你看，那奇形怪状的树桩，或苍劲挺拔，如千年古树巍然屹立；或树根突兀，记载了艰辛的岁月；或斑驳枯朽，却枝繁叶茂；或俯卧倒挂，形似生于危崖峭壁，险峻奇特……人们赞誉盆景是“立体的画，无声的诗”，是“大自然的缩影”。在欣赏这些高雅艺术品之余，不由得想起盆景园的筹划者、一生为我国盆景事业做出重大贡献的中国盆景艺术大师——朱子安先生。

朱子安于1902年生于常熟，5岁时一家人来到苏州。父亲一生以花务为事业，有一手盆景技艺。朱子安从小随父学技，他聪明好学，盆景技术长进颇快，而且别具一格。他与著名作家、园艺家、中国盆景艺术大师周瘦鹃先生相识，成为艺术挚友，制作盆景的技艺和艺术修养得到很大提高。

20世纪中期，苏州的盆景一度面临绝境。

1970年秋，朱子安被调到了留园。他带着几个徒弟，在又一村沿着那长长的葡萄架，用竹子圈了一块空地，在其中用古石墩、砖块搭砌起盆座，把留园残存下来的盆景安置好。具有田园景色的北部自从有了盆景，更增加了几许情趣，游人至此无不驻足，隔篱细细品味，有的还要与之留影。朱子安把这一切都看在眼里，似乎从中看到了希望，他坚信盆景艺术是大众的，总有恢复辉煌的一天。

十年磨一剑，经过朱老之手

的一批作品在1982年江苏省盆景艺术展览会上荣获诸多奖项，其中断木“根蟠翁蔚”、石榴“古木参天”、圆柏“秦汉遗韵”、锦松“苍干嶙峋”等10件作品获得最佳树桩盆景奖（一等奖），大阪松“迎客”、银杏“蜡曲”、榆桩“枯木新枝”等获优秀奖，为苏州盆景赢得了荣誉。最值得一提的是，朱子安觅得一棵后来被称为“盆景王”的古桩雀梅，经过打造，该雀梅正面树冠形如猛虎蹲伏，气宇轩昂，反面主干呈蛟龙腾起之势，蔚为壮观，可谓朱子安最为成功的代表作。据说有一日本客商愿以10辆小轿车与之交换，被朱子安婉言谢绝了。他把它视为盆景中的国宝，它的观赏价值、艺术价值是无法用金钱来估量的。

经过朱子安多年辛勤耕耘，特别是有了“盆景王”这一镇园之宝，留园盆景园有了一定的规模，成为继拙政园盆景园之后能代表苏州盆景水平的又一个盆景专类园。

“盆景王”

周瘦鹃

拓展问答

苏博士，您刚刚提到苏派是五大盆景流派之一，那其他四大流派是哪些呢？

中国幅员辽阔，由于地域环境和自然条件的差异，盆景流派较多。就传统的五大流派而言又分为南、北两大派，南派有以广州为代表的岭南派，北派包括长江流域的川派、扬派、苏派、海派（后三派过去统称“江南派”）等。

原来周瘦鹃先生不仅是作家，还是盆景大师！

祖籍苏州的周瘦鹃生于上海，是我国著名的报人、鸳鸯蝴蝶派的代表作家之一，还是文学翻译家、苏派盆景大师。他的盆景作品一部分以历史名画为蓝本，也有一部分反映农村现实生活。周瘦鹃著有多本盆景相关的理论、文学作品，为继承、弘扬中国盆景艺术，形成苏州盆景地方特色和风格做出了重大贡献。周恩来、叶剑英等党和国家领导人都曾到他的故居紫兰小筑（周家花园）参观。

课外活动

选择两三盆盆景，仔细观察，试着用生动的文字描述一下它们的造型。

社会实践课 游留园

苏博士去哪儿

上一次逛了拙政园，不少同学都说拙政园太大了，他们像在走迷宫，这次我们去留园，大家可以少走路、多观察了。

我要去看最有名的冠云峰，要多拍些照片。

我们去找找“二王法帖”，欣赏书法吧！

我想去盆景园看看。咱们快出发吧！

微旅游路线推荐

入口——古木交柯——绿荫——明瑟楼——涵碧山房——闻木樨香轩——可亭——小蓬莱——濠濮亭——曲溪楼——五峰仙馆——汲古得绠处——揖峰轩——林泉耆硕之馆——冠云峰（冠云亭、冠云楼）——冠云台（佳晴喜雨快雪之亭）——又一村（小桃坞）——盆景园——至乐亭——舒啸亭——活泼坡地——盛家祠堂——出口

完成微记录

1. 制作“留园十二峰身份证”：

（1）拍下留园十二峰的照片；

（2）在图片的旁边配上相应的名称、来历和典故；

（3）互相交流留园中奇峰怪石背后的故事。

选择一种完成

2. 绘制“留园寻宝地图”：

（1）手绘留园游览线路图，加上重要景点的图标；

（2）在线路图中标出“留园三宝”的位置；

（3）在寻宝地图旁边用自己的语言介绍这三件宝贝的来历和珍贵之处。

狮子林关键词

★ 寺院园林狮子林

★ 人道我居城市里，我疑身在万山中。——［元］维则《师子林即景》

★ 燕誉堂、指柏轩、真趣亭；听雨楼藏帖

★ 假山王国

★ 禅意文化

第三单元

狮子林

1 疑是林间狮子吼——狮子林

苏博士导读

“坐听邻寺斋钟鸣，疑是林间狮子吼。”同学们，你们知道这句诗吟诵的是哪座苏州园林吗？

和狮子有关，我猜是狮子林！

对了，乐乐，这句诗吟诵的就是苏州四大园林之一的狮子林。

我去过狮子林，里面有好多石狮子，所以叫狮子林。

对，文文。不过不仅仅是因为石狮子，“狮子林”的名字还蕴含着更深的文化内涵，我们一起听听狮子林的故事吧。

苏博士课堂

狮子林始建于元代，至今已有六百多年历史。它和沧浪亭、拙政园、留园合称“苏州四大名园”。2000年11月，狮子林被列入《世界文化遗产名录》。

不过狮子林最早不是一座园林，而是一座寺院，兴建于元末至正二年（1342），为天如禅师维则讲经传法之地，最初叫“师子林”，后来就叫“狮林寺”或“狮子林”。为什么和狮子有关呢？首先，院内“林有竹万个，竹下多怪石，状如狻（suān）猊（ní）”，“狻猊”就是狮子，园林中有很多状如狮子、形态各异的假山奇石。其次，天如禅师“曾得法于浙江天目山狮子岩普应国师中峰，为纪念佛徒衣钵、师承关系，取佛经中狮子座之意”。另外，“狮子”在佛教中有着特殊的含义，比如常用“狮子吼”指禅师讲诵经文。所以，“狮子林”的名称与这座园林尤为契合。

元明交替，朝代更迭，天如禅师及其后代僧人都散去后，狮子林就荒芜了。明初洪武六年（1373）重修狮子林时，正好大书画家倪瓒途经苏州，园主如海上人（狮林寺主持）邀请倪瓒作《狮子林图》。倪瓒号云林，故又称倪云林，是大名鼎鼎的“元四家”之一。因为倪瓒的参与，狮子林名声大振，成为佛家到苏州讲经说法的胜地，也是苏州文人赋诗作画的风雅场所。

到了清代，狮子林形成了寺院和园林的组合体，里面既有寺院古刹，又有园林名胜。康熙皇帝南巡，曾游此地，御赐匾额“狮林寺”。乾隆皇帝六下江南，前后竟六游此地，御赐“镜智圆照”“画禅寺”“真趣”等匾额。后来，衡州知府黄兴祖买下此地，修葺扩展园林景致，筑墙与寺院隔离，取名“涉园”，自此寺、园分开。清乾隆三十六年（1771），黄兴祖的儿子黄熙高中状元，于是他精修府第，重整园林，因园内有五棵松树，故取名“五松园”。

1917年，著名建筑学家贝聿铭的叔祖、上海颜料巨商贝润生买下此地，用了七年左右的时间进行整修，恢复了昔日的园林名胜，又新增了景点，沿用“狮子林”作园名；并在狮子林东修建了家祠。狮子林气象重生，一时名冠苏城。

1945年贝润生病故，狮子林由其孙贝焕章管理。中华人民共和国成立后，贝氏后人将狮子林捐献给了国家。

拓展问答

苏博士，我去承德避暑山庄游玩的时候，也看到一座狮子林，它和苏州的狮子林有关系吗？

有关系的。因为乾隆皇帝非常喜欢苏州的狮子林，所以他在行宫——承德避暑山庄也兴建了一座“狮子林”，又称“文园狮子林”。不但承德避暑山庄有狮子林，乾隆皇帝在圆明园的长春园中也兴建过一座“狮子林”。北方这两座狮子林，都是按照苏州狮子林的布局和风格进行修建的，用现在流行的话说就是“高仿”。而“高仿”的同时，其中也融入了皇家园林的气韵。

课外活动

同学们一起把倪瓒的《狮子林图》找来看一下。再找找看，除了倪瓒，还有谁给狮子林画过图。

2 我疑身在万山中

苏博士导读

苏博士，快带我们去狮子林里游玩吧！

好的，小美。今天我们就去领略下狮子林的造园风格和整体布局。狮子林景观丰富，具有曲径通幽之美，也有移步换景之致。总体来说，亭台楼阁、假山池水和花木绿植错落有致又浑然一体，更因连绵的假山群而特色鲜明。狮子林的假山群是苏州园林现存的古代假山中“最为复杂、占地面积最大的实例”。

我们快去吧。

走，我们边游边讲。

苏博士课堂

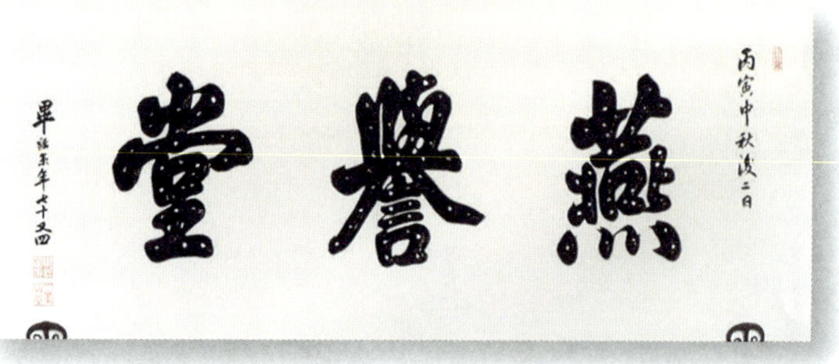

贝氏家族祠堂现位于狮子林的入口处。通过祠堂往北，是狮子林的主厅堂——燕誉堂。燕誉堂是以前园主的主要居所。“燕誉”出自《诗经》“式燕且誉，好尔无射”，有安详、快乐的意思。它是著名的鸳鸯厅：前厅接待男宾，后面是女眷聚会之处。

燕誉堂后是小方厅。在往小方厅的通道上，“五福捧寿”铺地夺人眼球。小方厅因形制方正而得名，它的特色在于东西两侧的漏窗，透过

小方厅东窗框景

窗看外面，好似在欣赏一幅风景画，并随着四季而变换。这是苏州园林的一种造园艺术手法，叫“框景”。

出小方厅，后面小庭院院墙下的花坛中，就是狮子林里著名的九狮峰。由九狮峰左转进去，右侧一幢楼阁是指柏轩。指柏轩全名“揖峰指柏轩”，是一处满含禅意之所；而“揖峰”之语，出自宋代大书法家米芾见太湖石峰而作揖的典故。

指柏轩右前方是见山楼，右方是古五松园。指柏轩前方是卧云室，元代时曾是僧人们休息的居室，其名出自诗人元好问诗句“何时卧云身，团茅遂疏懒”。见山楼右方是花篮厅，临水而建，有平台伸展于池畔，故厅中有匾额“水殿风来”。

狮子林中部是一片粼粼湖水。中有九曲桥，上建湖心亭。南部水面狭窄处有接驾桥一座。狮子林这片湖水，特别就特别在沿湖的假山群。东部假山区植有古松翠柏，著名的假山迷宫即在此处；西部和南部假山地则植以梅、竹、银杏等花木，园西假山深处藏着一处小赤壁，是人造瀑布的奇妙之笔。

缘水而行。花篮厅往西是真趣亭。真趣亭往西是幽静的暗香疏影楼。其前方有一石舫，又名“不系舟”，是贝氏于民国时期建造，因此带着点西洋风格。

暗香疏影楼往西行至飞瀑亭，南折即来到遍植梅树的问梅阁。梅花是狮子林特色花卉，劈梅作为狮子林“一绝”，十分引人注目。再往南行，就到了“冬天淡淡梅香萦绕鼻息，夏天阵阵荷香荡涤心灵”的双香仙馆。

由双香仙馆折向东行，过扇亭，即是“正气凛然”文天祥诗碑亭；再往东，是乾隆御碑亭。在两座碑亭之间是碑廊，有倪瓒《狮子林

暗香疏影楼

图》以及民国年间重金购得的《听雨楼藏帖》。碑廊尽头，于园林东南角处是立雪堂。至此，便将狮子林主要的景观逆时针方向游览了一遍。

狮子林的园艺布局，在苏州园林叠山理水、莳花种树的艺术之中，突出了“假山王国”的特色。置身园林，藏身假山，正如卧云室中对联所言：人道我居城市里，我疑身在万山中。

拓展问答

苏博士，真趣亭名字的背后好像也有一个故事，与乾隆皇帝有关，是吗？

乾隆皇帝不但在狮子林里，在苏州乃至整个江南，都留下了很多故事。据说当年乾隆御笔题了“真有趣”三字。接驾的状元黄熙觉得太直白、太俗，便奏请皇上把“有”字恩赐给他，从而留下了“真趣”二字作为亭名。故事不一定是真实的历史，但这个“真有趣”的故事，你们回味下，是不是体现了中国语言文字的博大精深？同时，它也丰富了苏州园林的文化，给游人增添了游玩的乐趣。

课外活动

请你当一回小导游，用自己的话来介绍狮子林里的一处景点。

3 狮子林里钻假山

苏博士导读

狮子林被誉为“假山王国”，假山奇石是它最大的特色。同学们，今天我们去狮子林里看石狮子。

狮子林里有多少石狮子？

我看过资料，狮子林里有五百多只石狮子！

嗯！文文的功课做得很好。

我要和造型最美的石狮子来一张漂亮的合影！赶紧出发吧！

苏博士课堂

狮子林以假山而著称，有“假山王国”的美誉。从假山的年代来看，狮子林东部主假山、湖中岛上假山及南部假山历史久远，迄今已有六百多年，所用太湖石有部分是北宋末年遗留下来的花石纲。而西

观音石

部假山多为民国时期贝氏扩建时所筑。不同年代的假山各具特色和价值。尤其东部主假山，它是中国早期洞壑式假山群的唯一遗存。

狮子林里不仅有造型各异的石狮子，还有各种或形似或传神的叠石作品，主要有独峰作品和堆叠作品。

独峰作品是指以单独的一块太湖石构成的作品。“狮子峰”，其为狮子林的主峰，位于卧云室南，面对卧云室，两前肢腾空似作揖，狮口大张，狮目圆睁。“观音石”，又名“送子观音”，位于见山楼南面水滨，似双手合十，又似怀抱婴孩。其旁有一“猫”，似临水羡鱼，惟妙惟肖。“一苇渡江”位于湖中，是一飘然佛陀状石峰，取意达摩拈一芦苇置于水上，站立其上过江而得名。“三元及第”位于立雪堂前庭院中，石上有三方孔洞，寓意为连中三元（解元、会元、状元）。文天祥诗碑亭西，有欲腾空而去的“玉兔奔月”，还有手捧仙桃的“猴子捧桃”。指柏轩前假山峰顶，或有石狮昂首“听经”，或有“狮子作揖”。在各处庭院中，在湖畔石峰间，四处可见吼狮、舞狮、睡狮及石笋、寿龟……

堆叠作品是指用多块或连片太湖石堆叠构成的作品。狮子林最大的假山堆叠作品，自然是沿湖无数“狻猊”，或立或卧，

狮子作揖

起伏绵延。而东部假山迷宫，是狮子林假山特色中的特色。整座假山分上、中、下三层，有九条通道，共二十一个洞口。从各个洞口观望出去，均别有洞天。假山顶上矗立着几座深受游人喜爱的石峰，分别取名为“含晖”“吐丹”“玉立”“昂霄”等。假山洞中留有一副石作的棋盘，传说“八仙”中的铁拐李和吕洞宾也曾深陷假山迷宫之中，两人疲乏歇息时，对弈打赌，输者要将赢者背出迷宫。乾隆皇帝当年游狮子林最爱玩的就是这假山迷宫，据说曾被困其中，还是由太监给领出来的。

小方厅庭院中的九狮峰，为民国时期堆叠的景观，石峰中有雄狮、母狮、幼狮共九头狮子。在立雪堂庭院，也有几组民国时期堆叠的石狮景观分外引人注目。“狮子滚绣球”可以说是五百多石狮子中最为形象逼真的，合影的游客络绎不绝；“狮子静观牛吃蟹”由石狮子、石牛、石蟹组合而成，牛想吃蟹，狮子在一旁静观；“三脚蟾蜍”出自“刘海戏金蟾”的传说，金蟾爱金钱，此金蟾趴在铜钱图案的铺

地上，表达了园主人永葆富贵的美好愿望，这金蟾只有三只脚，也是有意为之，寓意为不可太满。

此外还有很多假山奇石景观，靠你的想象力去发现吧。在狮子林里找石狮子，不但是一种乐趣，也是一种缘分。

拓展问答

苏博士，刚刚在九狮峰，我找到的石狮子并不止九头啊，而有的同学没找满九头，为什么要叫“九狮峰”呢？

这个“九”，在我们传统文化里，有时是虚指，表示“多”。比如我们常说的成语“九牛一毛”“九死一生”“九霄云外”等，其中的“九”都是表示“多”，而不是实指数字“九”。所以狮子林里的九狮峰，也可以表示很多石狮子。

课外活动

几个人分成一组，分享你们找到的、拍到的石狮子，比比看哪一组找到的石狮子最多。

4 禅意狮子林

苏博士导读

苏博士，我们游玩了好几座苏州园林，这些园林除了在园艺布局上的特色外，还有其他的分别吗？

文文想得很深奥啊！是的，苏州园林的园艺布局，都体现了苏式造园艺术，存在很大的共性。而每座苏州园林还有着自己的文化内涵，这就是它们之间最大的分别。狮子林发祥于寺院，所以狮子林的文化可以说就是禅意文化。

禅意？文化？这可有点伤脑筋啊！

乐乐，多学习文化，可以使人“心灵美”。

小美说得很对，内在美是很重要的哦！

苏博士课堂

苏州的古典园林，通常被称为“文人园林”，因为承载着历代园主——多为文化人的精神寄托。狮子林被称为“禅意园林”，那么禅意文化，就是这座园林的精神内涵，使其不同于其他的文人园林。这个称谓可以从几个方面来理解。

狮子林发祥于寺院，它的建造和修缮，都与高僧禅师有关。狮子林始建于元代，是高僧天如禅师维则来到苏州讲经，弟子们购地置屋为天如禅师建起的禅林，称“狮子林菩提正宗禅寺”。据载，天如禅师之后，住持狮林寺的是其弟子卓峰。几经荒芜，至明代万历年间，“明性和尚托钵化缘于长安，重建狮子林圣恩寺、佛殿，再现兴旺景象”。乾隆皇帝游狮子林时，还题有“画禅寺”御笔。禅意文化由元代至清代，三四百年间不断沉淀。

狮子林的假山群饱含禅意，缘于其众多石狮子。“狮子”是禅意文化中重要的意象，是尊贵的祥瑞之兽。

而除假山之外，狮子林中诸多的景点都蕴藏着禅意。小至湖石，如“九狮峰”“狮子静观牛吃蟹”“三脚蟾蜍”等。大至楼阁，如指柏轩的禅意：据载，唐代有大德禅师传授经法时，不论弟子问他什么，他总是一句话：“庭前柏树子。”示意弟子须自行禅修，自我领悟，崇尚的是“心悟”的境界。卧云室修筑于似舞狮的群峰之上，古人认为云因触石而生，石为“云根”。卧云室立于群石之上，恰似“卧云”，禅意十足。维则曾赋诗曰：“卧云冷室睡魔醒，残漏声声促五更。一梦

又如过一世，东方日出是来生。”问梅阁出典于“马祖问梅”。“马祖问梅”的禅意是“开悟”，真正的开悟不受外界的影响，是禅心的成熟，是平日里用功到了一定程度。一园之中，如此多的重要景点与禅意文化相关，狮子林独一处。

此外，还有诸如朱德润、姚广孝、欧阳玄等名士，俱与狮子林的禅师有深厚交往，留下了充满禅意的绘画和诗词作品。元代著名画家朱德润《师子林图序》记载了其与维则的一段对话，表达了维则建园的思想：面对“世道纷嚣”，可以“破诸妄，平淡可以消诸欲”；以“无声无形”托诸“狻猊”，以警世人。

清代俞樾赞誉狮子林曰：“五复五反看不足，九上九下游未全。”游览狮子林，不妨用心去感受“要适林中趣，应存物外情”的那一份禅意。

拓展问答

苏博士，我和小美查找了一些有关狮子林的诗句，想和大家分享哦！

好啊！乐乐，一起来看看。这些诗句都很有意境，从中能读到“城市山林”的禅意。

人道我居城市里，我疑身在万山中。

（［元］维则《师子林即景》）

客来竹林下，时闻涧中琴。

经房在幽竹，庭户皆春阴。

孤吟遂忘返，烟景生逾深。

（［明］徐贲（bēn）《狮子林竹下偶咏》）

课外活动

游遍了狮子林，也了解、学习了狮子林，同学们分组谈谈对于狮子林的认识，然后把精彩内容总结整理成一篇美文，去投一投稿吧。

社会实践课　游狮子林

苏博士去哪儿

文文、小美，你们知道我最期待游览的园林是哪个吗？

你最期待狮子林，对吧？你都念叨好几回了！

乐乐是想去钻假山玩吧。

还是你了解我！“狮子滚绣球”“狮子静观牛吃蟹”“三脚蟾蜍”这几处我可不能错过。

玩耍之余，同学们要留心体会狮子林中太湖石“瘦、皱、漏、透”的特点。狮子林中到处是禅意，不知道各位同学能领会几分？

微旅游路线推荐

入口——燕誉堂——小方厅——九狮峰——指柏轩——假山迷宫——见山楼——花篮厅——古五松园——真趣亭——石舫——暗香疏影楼——湖心亭——问梅阁——双香仙馆——扇亭——文天祥诗碑亭、御碑亭——修竹阁——卧云室——立雪堂——出口

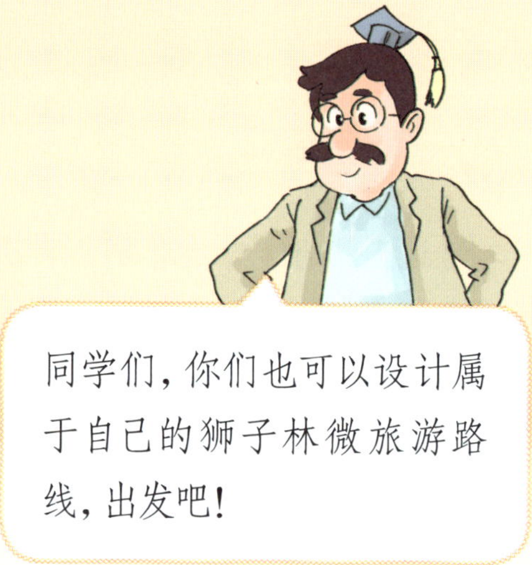

完成微记录

选择一种完成

1. 举办“狮子林摄影展”：

（1）拍摄狮子林中美景的照片；

（2）组织你的好朋友们举办狮子林摄影展，分享各自拍摄的照片；

（3）为狮子林摄影展设计一张宣传海报。

2. 举办“禅意文化诗词朗诵大赛”：

（1）搜集有关狮子林和其他含有禅意文化的诗词；

（2）举办朗诵大赛，并分享自己对其中禅意的理解。

沧浪亭关键词

★ 苏舜钦

★ 沧浪亭、明道堂、五百名贤祠

★ 清风明月本无价，近水远山皆有情。

★ 《浮生六记》；沈复、芸娘

★ 沧浪三杰：颜文樑（liáng）、胡粹中、朱士杰

第四单元

沧浪亭

1 千古沧浪水一涯——沧浪亭

苏博士导读

"沧浪之水清兮，可以濯吾缨；沧浪之水浊兮，可以濯吾足。"听到这两句《楚辞》中的名句，哪位同学知道，今天我们要去哪一座园林啊？

是沧浪亭！沧浪亭就得名于这句名句。

对的。今天，我们的目的地就是苏州现存历史最悠久的园林沧浪亭。

我读过欧阳修的《沧浪亭》诗，诗中的沧浪亭令人神往！

沧浪亭被称为"水之亭园"，里面的景色真美！

苏博士课堂

沧浪亭是苏州现存古典园林中历史最悠久的园林，距今已有近千年的历史了。它与狮子林、拙政园、留园并列为苏州宋、元、明、清四大园林，园内景色自然，建筑朴实简雅，是典型的城市山林。

沧浪亭最初为五代时吴越王外戚孙承祐的花园。到北宋庆历四年（1044），诗人苏舜钦因故被革职后来到苏州，以四万贯钱买下了这座园子。苏舜钦因感于“沧浪之水清兮，可以濯吾缨；沧浪之水浊兮，可以濯吾足”，题名“沧浪亭”，自号“沧浪翁”，并作《沧浪亭记》。北宋著名的文学家欧阳修曾作《沧浪亭》长诗，诗中以“清风明月本无价，可惜只卖四万钱”题咏此事，自此沧浪亭名声大振。

苏氏之后，沧浪亭几度荒废，南宋初年一度为抗金名将韩世忠的

宅园，清康熙三十五年（1696）巡抚宋荦（luò）重修此园，把傍水亭子移建于山之巅，形成今天沧浪亭的布局基础。生于清乾隆年间的沈复曾居住在沧浪亭畔。今天园中的绝大部分建筑均始建于清康熙、道光和同治年间，中华人民共和国成立后又经修复，而成现在的样貌。

踱步沧浪亭，未进园门，便可以看见一池绿水绕于园外，园内以山石为主景，山上古木参天，山下凿有水池，山水之间以一条曲折的复廊相连，沧浪亭外临清池，曲栏回廊，古树苍苍，垒叠湖石。人称“千古沧浪水一涯，沧浪亭者，水之亭园也”。

拓展问答

苏博士，历史上是不是有很多文人写过关于沧浪亭的文章呢？

是的。除了我们看过的苏舜钦的《沧浪亭记》以及欧阳修的《沧浪亭》诗，明代文学家归有光也曾作散文《沧浪亭记》。明嘉靖间，有僧人文瑛来苏州重建沧浪亭，并请归有光写文作记，于是有了这篇文章。另外宋代诗人胡珵（chéng）也有《沧浪亭》一诗。大家可以在课后阅读欣赏。

可园与沧浪亭隔水相望，请苏博士介绍一下可园吧。

五代末年，可园原是吴军节度使孙承祐别墅一隅，后渐废。北宋时为沧浪亭的一部分，南宋名将韩世忠曾辟其址为宅院。清代雍正年间江苏巡抚尹继善在此建“近山林”，取“仁者乐山，智者乐水”之意，又名“乐园”。布政使、巡抚梁章钜重加修葺后，园林划归正谊书院，易名“可园”，成为一座可人可意、小巧玲珑、清幽雅致的书院园林。园内有挹清堂、博约楼、学古堂、一隅堂等建筑。1911年，民主革命的先驱者张默君于可园创办《大汉报》，报道革命动态，宣传民族革命。1914年，江苏省立第二图书馆在可园建立。如今的可园也是一个爱国主义教育基地。

课外活动

搜集沧浪亭春夏秋冬四季的美景图片以及描写沧浪亭美景的诗句，六人小组合作，制作成PPT，课堂上一起交流欣赏。

2 一丘抱幽山，居然城市间

苏博士导读

同学们，我们之前讲到过沧浪亭为“水之亭园”，其实这正是点出了这一园林的造园特色。

爸爸和我讲起过沧浪亭还运用了借景的造园手法。

除了大片的水，沧浪亭中还有竹子、兰花等植物，也很美。

看来大家已经对沧浪亭有了很多了解。那现在就让我们走进其中，亲身感受一下这座园林的艺术美吧。

苏博士课堂

沧浪亭造园艺术与众不同，未进园门，便见一泓绿水绕于园外，漫步过桥，始得入内。园内以山石为主景，迎面一座土山，隆然高耸。山上幽竹纤纤、古木森森，山顶上便是翼然凌空的沧浪石亭。山下凿有水池，山水之间以一条曲折的复廊相连，廊中砌有花窗，穿行廊上，可见山水隐隐迢迢。这是沧浪亭有别于苏州其他古典园林的特色：打破高墙围绕、自成丘壑的封闭式格局，以临水的建筑群将园内园外的山水有机地融为一体，形成一种开放性的布局。

进入园中，首先要经过碑记厅。这里现在是沧浪亭的门厅。厅内东、西两侧墙上嵌有旧时园主苏舜钦的《沧浪亭记》，《重修沧浪亭记》记录了清代巡抚宋荦、梁章钜和张树声改造、增建、重建园中景

观的事迹……从这些石刻可以了解沧浪亭的旧貌和概况。出碑记厅，迎面看到的就是横卧于园中央的主山。山上古树苍翠，藤萝蔓挂，宛若真山野林，有一种古朴幽静的感觉。这也体现了北宋时期士大夫造园重在立意，不事雕琢的特点。沧浪亭即高踞在山顶上，飞檐凌空。亭的结构古雅，与整个园林的气质相协调。亭四周环列有数百年树龄的高大乔木五六株。亭上石额“沧浪亭”为俞樾所书，石柱上刻有对联：“清风明月本无价，近水远山皆有情。”主山西南面峭壁下，凿一小池，从山上往下看，有如临深渊之感。池边一石上刻有俞樾先生篆书“流玉”二字，点出这小池之水犹如一块流动的碧玉。这里是沧浪亭园内唯一的水面。山北有临水而筑的面水轩。轩四面均设落地长窗，视野开阔，是品茶赏景之佳处。

园中最大的主体建筑是假山东南部面阔三间的“明道堂”。明道堂取“观听无邪，则道以明”意为堂名，为明、清两代文人讲学之所。堂在假山、古木掩映下，屋宇宽敞，庄严肃穆。相传乾隆帝南巡时，曾召誉满江浙的苏州评弹艺人王周士于此堂内说书。堂南，“瑶华境界”“印心石屋”“看山楼”等几处轩亭都各擅其胜。折而向北，有馆三间名“翠玲珑”，四周遍植翠竹，取“日光穿竹翠玲珑”意而为名。

综观园林内外，园外景色因水而起，一湾池水由西向东，环园南去。清晨夕暮，烟水弥漫，极富山岛水乡诗意。山上古木新枝，生机勃勃，翠竹摇影于其间，藤蔓垂挂于其上，自有一番山林野趣。

拓展问答

苏博士，沧浪亭里有很多竹子和兰花，园主在那么多的植物中选择种植竹与兰，一定有深刻的意义吧？

是的。沧浪亭园内植物以秀竹和幽兰见长。园内竹林被称为“万竹林”，这里面的竹子不仅数量多，而且种类也十分丰富。竹子挺拔且空心，经冬不凋，被赋予了刚直、坚贞、谦虚等君子的品格。兰花则是文人用来修身养性、寄情寓志、表明心迹、铸塑人格的象征。董必武先生称兰花有四清——“气清、色清、姿清、韵清”，生动地概括了赏兰的精髓。沧浪亭的主人选择种植竹、兰等，一方面为点缀园林，另一方面则是借此展现自己对美好品性的追求，表达自己的人生志趣。

苏博士，我看到沧浪亭中的漏窗形状很多，而且很有特色。您能给我们介绍一下吗？

漏窗是沧浪亭别具特色的造园艺术。沧浪亭内全园漏窗共108孔，图案花纹变化多端，无一雷同，构作精巧，环山就有59个，在苏州古典山水宅园中独树一帜。这些漏窗外观各式各样，有方形、圆形、扇形、多边形，有海棠形、花瓶形、石榴形、如意形、秋叶形、宫殿形、桃形……走廊上成排的漏窗，其形状、尺寸、间隔多为相同或者相近，呈现出一种和谐的节奏感。漏窗使长廊透光，透过漏窗移步换景，可以欣赏到长廊内外的花木假山、天光云影。

课外活动

每一小组中，推选一名同学作为小导游，为大家介绍沧浪亭中的一处景点，小组其他同学可合作制作PPT。

3 沧浪亭里寻故事

苏博士导读

沧浪亭里那副最有名的对联“清风明月本无价，近水远山皆有情”，你们知道和它有关的故事吗？

我看到书上记载这副对联是清代学者梁章钜截取欧阳修和苏舜钦二人的诗句集成的对联。

嗯，我还听说曾经住在旁边的沈复也很有名呢。

关于这副对联和苏舜钦的故事，还有沈复《浮生六记》中所记载的关于沧浪亭的内容，都让沧浪亭更有吸引力。我们今天就去沧浪亭中寻找故事吧。

苏博士课堂

沧浪亭历史悠久，经历过很多朝代，当然有很多著名的人物在这里留下了动人的故事，其中最吸引人、最能代表沧浪亭的有两个：

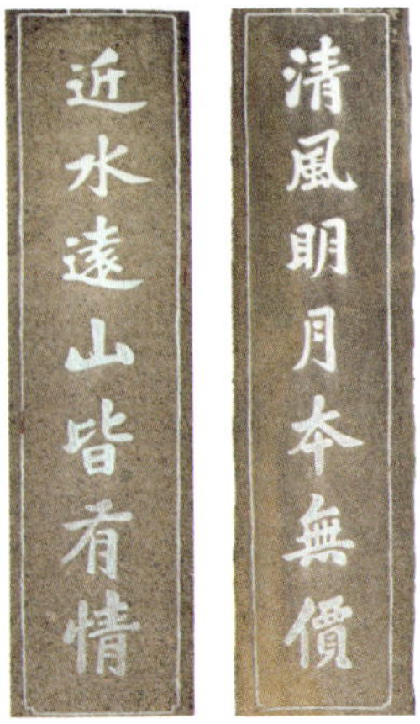

一个关于园主苏舜钦与沧浪亭石柱上的名联。

当年的园主人苏舜钦为园中的石亭取名“沧浪亭”。石亭造好了，少不了要挂副楹联，苏舜钦就写信给欧阳修，请他题句。欧阳修立即挥笔写好，只见上联写的是“清风明月本无价”，下联是“可惜只卖四万钱”。苏舜钦看到后发现上下联并不对仗，他猜不透欧阳修葫芦里卖啥药，只好先将上联挂了出去，想等文士来续更合适的下联。但大家都知道那上联是大文学家欧阳修题的，谁还敢续下联啊？于是下联只能久久空着。

有一天，苏舜钦在石亭里举杯畅饮。他一时高兴，做起诗来：

东出盘门刮眼明，萧萧疏雨更阴晴。绿杨白鹭俱自得，近水远山皆有情……

他念完诗后，一旁的老渔翁突然提醒道：“石亭的下联现在不是有了吗？”苏舜钦沉吟半晌，不禁哈哈大笑起来，“清风明月本无价，近水远山皆有情”，这真是难得的天然妙联！

实际上，“清风明月本无价，可惜只卖四万钱”确是欧阳修所作长诗《沧浪亭》中的诗句，这首诗表达了他对友人不幸的政治遭遇深深的同情；“近水远山皆有情”则出自苏舜钦的《过苏州》。历史上沧浪亭几经毁修，此楹联为清道光七年（1827）江苏布政使梁章钜重修沧浪亭时所刻，联句集两位诗人的诗句而成。上下联对仗工整，既记述了苏舜钦以四万贯置办沧浪亭所在私

沈复《浮生六记》

家花园的由来，又突出了此处风光“远山近水”的旖（yǐ）旎（nǐ），可谓珠联璧合，相得益彰。

另一个故事则关于曾经在沧浪亭旁边生活的沈复。

沈复才思隽敏，擅长丹青。他和温婉贤淑、通诗精绣的妻子芸娘生活在沧浪亭附近。沧浪亭畔，留下了沈复和芸娘的纯真之情。然而，由于家庭变故，他们最终还是离开了苏州，离开了沧浪亭，奔走他乡。芸娘后来逝于扬州，沈复悲痛不已，多年以后，回首往事，写下了感人至深的《浮生六记》。

《浮生六记》一书以沈复与芸娘夫妇二人的生活为主线，记录了平凡而又充满情趣的居家生活和浪游各地的所见所闻，描述了夫妇二人情投意合，想要过一种布衣素食、文艺闲适的生活，但由于封建礼教的压迫与贫困生活的煎熬，终至理想破灭。书中有记载中秋之日，沈复偕芸娘登沧浪亭赏月等事。

俞平伯称这本书俨如一块纯美的水晶——只见明莹，不见衬露明莹的颜色；只见精微，不见制作精微的痕迹。

今天，人们来到沧浪亭，遥想当年沈复和芸娘曾在这里赏月抒情，那真挚的情意，至今仍让人感动。

拓展问答

苏博士，我们经过了五百名贤祠，看到了许多我们熟识或未曾了解过的人物。可以请您简要介绍一下吗？

五百名贤祠是一间面阔五间的建筑，正中三间为堂，东西两边为侧室，整个建筑布置得庄重肃穆。贤祠堂内的三面墙上嵌有125块碑石，总计594幅历史人物的线刻头像，这些石像都是清代顾湘舟主持镌刻的。这594位历史人物是自春秋到清朝约两千五百年间与苏州历史有关的名士贤达。其中的知名人物有建造苏州城的伍子胥，有孔子的门生言偃（yǎn），有唐代大诗人李白、白居易，有北宋政治家范仲淹、文学家欧阳修和苏轼，还有明末爱国学者顾炎武，以及清代民族英雄林则徐等一批历史上有名的人物。

课外活动

搜集五百名贤祠中的人物故事，制作历史人物简介卡。

五百名贤祠

4 颜文樑纪念馆

苏博士导读

同学们，你们知道吗？历史上沧浪亭除了作为园林供人们游览之外，还有过其他用处呢。

我听爸爸讲起过，沧浪亭曾经被一所学校借去办学。

对的，这所学校就是著名美术教育家颜文樑先生创办的苏州美术专科学校。

能够在沧浪亭里面读书学习，一定很开心吧。

这所学校的旧址现在是沧浪亭旁边的颜文樑纪念馆。今天我们就去参观这座纪念馆，欣赏这位伟大的画家创作的艺术珍品，也了解一下他为苏州美术事业发展做出的贡献。

苏博士课堂

颜文樑(1893—1988)，出身于苏州的一个美术世家，8岁开始学画，最早跟随其父颜元学习绘画，11岁时以临《芥子园画谱》走上绘画之路，少年时代曾留学日本。1922年颜文樑创办了苏州美术专科学校，它属于中国最早成立的一批美术学府。1922年7月，在正式创办这所学校之前，颜文樑与胡粹中、朱士杰、顾仲华、程少川于海红坊苏州律师公会会所创办了苏州美术暑期学校。9月，苏州美术专科学校正式成立。成立之初办学条件非常艰苦，虽然首期招生有13人，但是颜文樑以身作则，教员全尽义务，不拿薪水，甚至学校连点灯费都无从着落。之后，黄觉寺、张紫玙(yú)等大学毕业生自愿留校任职，徐则安、张念珍分任校务、事务工作。这些人与颜文樑志趣相投，愿同甘共苦。之后，颜文樑又应苏州公益局之聘，任沧浪亭保管员，负责沧浪亭的修缮和维护，并受命筹设苏州美术馆，苏州美术专科学校也从县立中学迁入沧浪亭内。

1925年起，苏州美术专科学校开始借用沧浪亭房舍办学。颜文樑的好友吴子深慷慨捐出巨资，修缮沧浪亭园林和房舍，并购置教学设备，苏州美术专科学校得以延续办学。1931年颜文樑从法国留学回国后继续任苏州美术专科学校校长。此时，在各方的支持、建议下，学校买下了沧浪亭东侧的四亩地，以扩建新校舍。十四根巨柱的罗马宫殿式房屋拔地而起，共三层五十余间房间，分别用作画室、办公室、自修室、休息室。

黄觉寺先生回忆，当时学生们在沧浪亭内藕花水榭练习人体绘画，在五百名贤祠学习国画，在明道堂练习木炭画，在瑶华境界、见心书屋、面水轩攻读理论，在看山楼练习音乐，在清香阁查阅图书。古罗马式大楼内又是另一番景象：一楼为石膏室和参考室，二楼为西洋画室和中国画室，地下设有工艺室和阅书室，其余为男生宿舍。女生居住在沧浪亭妙香室。在这样清净而优美的环境下学习生活，是何等幸事。

如今，这座位于苏州古城沧浪亭畔的古罗马风格建筑，已经成为颜文樑纪念馆，用以纪念这位曾经将全部的精力奉献给培养国家美术人才的教育家。

拓展问答

苏博士，我了解到颜文樑被称为“沧浪三杰”之一，从中可以看出其与沧浪亭的联系以及杰出的成就。

颜文樑、胡粹中、朱士杰作为苏州美术专科学校的创始人，被誉为“沧浪三杰”。出于对三位教授的尊敬和爱戴，苏州美术专科学校的师生据颜、胡、朱三姓的吴语谐音而又戏称“三杰”为“眼乌珠”，指三位教授独具慧眼，是画坛的有识之士。

苏博士，我知道颜文樑最有名的作品是《厨房》，我也很喜欢描绘沧浪亭美景的《沧浪美》。您可以给我们具体讲一讲《沧浪美》这幅画吗？

1985年颜文樑创作的这幅《沧浪美》，是他人生中的最后一幅画。而且画这幅画时，颜文樑双目视力已经严重退化，全凭记忆和感觉画成。在这幅画中我们可以看到：蓝天白云之下，平静的湖水上面铺着荷叶，湖中央有座小桥，桥上有一群拿着扇子的女孩子翩翩起舞，而背后则是座古罗马风格的西洋建筑。这是颜文樑先生记忆中的沧浪亭与苏州美术专科学校。

课外活动

写一篇以颜文樑纪念馆为主题的参观后记，分组讨论对颜文樑的了解以及参观纪念馆之后的感悟。

颜文樑《沧浪美》

社会实践课 游沧浪亭

苏博士去哪儿

听了沧浪亭中名联的故事，你们一定不会忘记这副对联了吧？

清风明月本无价，可惜只卖四万钱！

错了错了，后半句应该是“近水远山皆有情”呀。

哈哈，我当然不会记错，开个玩笑。

美景美学，美德美育，真羡慕曾经在这里上课的苏州美术专科学校的学生啊！

沧浪亭里的五百名贤祠也记录了苏州历史上众多名人的高行事迹，大家要多向先贤学习。

微旅游路线推荐

入口——门厅——御碑亭——清香馆——五百名贤祠——翠玲珑——看山楼——瑶华仙境——明道堂——沧浪亭——观鱼处——复廊——面水轩——出口

完成微记录

选择一种完成

1. 制作“五百名贤祠人物简介卡”：

(1) 分工合作，以统一格式记录五百名贤祠中的人物姓名、生卒年、生平事迹等；

(2) 汇合在一起装订成手册。

2. 举办漏窗设计大赛：

(1) 观察你喜欢的漏窗图案有什么特点；

(2) 自己设计几个漏窗图案，比一比谁的作品最有特色、最好看。

网师园关键词

★ 史正志始建万卷堂；宋宗元命名网师园

★“造园家推崇的小园典范”

★ 张善孖养虎

★ 何家捐园

第五单元

网师园

1 斜风细雨不须归——网师园

苏博士导读

“沧浪之水清兮，可以濯吾缨；沧浪之水浊兮，可以濯吾足……”

哎，这是沧浪亭名字的出处，我们已经学过啦。

是的，但这和我们今天要了解的园林也有关系，同学们可以联想一下。

这是屈原《楚辞·渔父》中的名句，渔夫打鱼用网，故又名“网师”，看来今天这课是关于网师园的。

文文说对了！今天我们去的园林被称为小型古典园林的代表作，它就是网师园！

苏博士课堂

从苏州古城东南带城桥路拐弯进入一条幽静的小巷——阔家头巷，脚踩石子路，往东行，这样曲曲折折几分钟走到小巷深处，就能见到网师园。这小巷，犹如抒情诗中一串寓意深长的省略号，有“富者我不攀，贵者我不顾”之意，它显示了主人蔑视利禄、清高雅逸的情操。

那么，园子的主人是谁？为何这座园子取名网师园呢？

八百多年前，南宋大臣史正志因反对张浚北伐而被劾罢官，寓居苏州。他请人建了一座宅园，自誉藏万卷书，取园名“万卷堂”，并在门前造花圃，名“渔隐”，植牡丹五百株，自称“吴门老圃”，这便是网师园的前身。

从宋朝到元明再到清初的五百多年间，这座花园的主人换了又换，到清代乾隆年间，光禄寺少卿宋宗元隐退，购“万卷堂”故址，重新规划布置。

宋宗元给花园起名为网师园，据说与渔翁王思父女有关。宋宗元晚年才得一子，取名双喜。双喜从小聪明活泼，有一次到澹（tán）台湖钓鱼，不小心掉入湖中，幸亏渔翁王思和女儿桂芝将他救起，又摇船送他回家。宋宗元为了报答王思父女对儿子的救命之恩，特用渔翁的尊称“网师”给花园命名，从此，万卷堂就称为网师园了。实际上，宋宗元自比渔人，号网师，并以此为花园命名，一方面借史正志花圃“渔隐”的原义，有隐居自悔之意，另一方面因为园旁边有巷名王思，取其谐音罢了。

同治初年，园归江苏按察使李鸿裔（yì）。李鸿裔是曾国藩门下颇受器重的幕僚，不仅做官了得，还是才华横溢的诗人、名重一时的大书法家。因他喜欢热闹，网师园里便多了许多人声。李鸿裔常在园中设宴，入席者多为雅士：沈秉成、吴云、顾文彬、盛康……于是，十几年里，网师园里飘荡着名士们谈论书画金石的笑声。

到了1917年，张作霖买下网师园，作为北洋元老、他的上司张锡銮（luán）的寿礼。有趣的是，张锡銮一天也没住过的网师园，成了张善孖（zī）、张大千兄弟俩的大画室，他们甚至还在园中养过一只老虎。抗战爆发，张氏兄弟离开了网师园。1940年，何澄（字亚农）购置网师园。中华人民共和国成立后，以科学家何泽慧为代表的何氏后人把园子献给了国家。

网师园位于阔家头巷11号，坐北朝南，大门两旁置抱鼓石，上面是狮子滚绣球浮雕，额枋上装阀阅，无不诉说着园主曾经的辉煌。如果说拙政园是大家闺秀，那么网师园则是富含书香气质的小家碧玉。她的精致、内敛、清幽需要你来细细品读。

拓展问答

苏博士，我听爸爸说，网师园在国外都很有名呢！

是啊！网师园内有殿春簃（yí），“殿春”就是春末的意思，在这里指的是芍药；“簃”指楼阁旁边的小屋。明代杰出的建筑师蒯祥的后代——香山帮匠人在美国纽约大都会博物馆内以殿春簃为蓝本建造的明轩，使网师园走向了世界。德国著名园艺家玛丽安娜·鲍榭蒂女士评价网师园是“苏州最体面雅致、最完整的私家园林”。

殿春簃内书斋

网师园里住过很多名人，它的最后一位主人是何澄，我国杰出物理学家何泽慧的父亲。

何泽慧是我国杰出的物理学家，她的丈夫是著名物理学家钱三强。网师园曾是何家私宅，正是何家无私地把它献给了国家。

课外活动

搜集网师园春夏秋冬四季的美景图片，六人小组合作，制作成PPT，课堂上一起交流欣赏。

2 造园家推崇的小园典范

苏博士导读

同学们，这节课，我们将对网师园进行实地考察。

苏博士，这次活动我们成立了一个建筑小组，想一起来研究网师园的建筑特点！

真不错！网师园在苏州属于面积较小的古典园林，面积不及拙政园的六分之一，但我国园林专家陈从周教授称其是“造园家推崇的小园典范”。现在我们就来参观这个江南中小古典园林的代表之作吧。

苏博士课堂

网师园是一座典型的江南住宅园林，东宅西园，有序结合，以池水为中心，由东部住宅区、南部宴乐区、中部环池区、西部内园殿春簃和北部书房区等五部分组成。园内建筑以造型秀丽、精致小巧见长，尤其是池周的亭阁，有小、低、透的特点，内部家具装饰也精美多致。

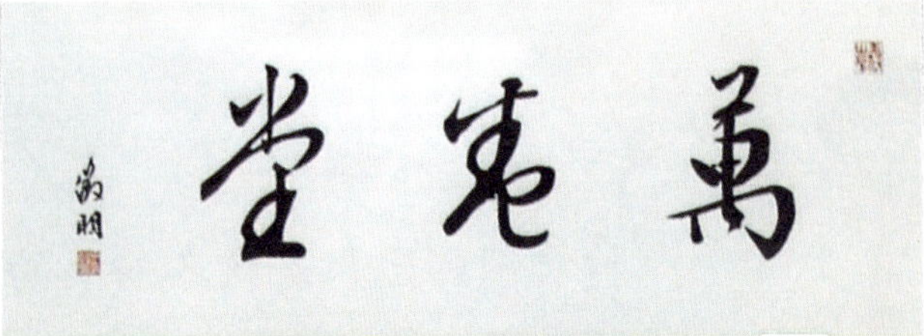

积善堂正中高悬文徵明所书“万卷堂”匾额，两旁挂崔护书写、集元人句的对联“紫髯夜湿千山雨，铁甲春生万壑雷”，这无声语言诉说着书香门第的气韵。整个大厅平面广阔，立面高大，氛围安详、静穆、庄重，这里是主人

宴请和接待宾客的地方。

厅南的对景是一座雕镂精致、巧夺天工的砖刻门楼“藻耀高翔”。这座门楼雕砌于乾隆年间，门楼上的砖雕是用凿子和刨子在质地细腻的青砖上，运用平雕、浮雕、镂雕和透空雕等砖雕艺术手法雕凿而成的。历史人物栩栩如生，飞禽走兽和花卉图案形象逼真，不愧为“江南第一门楼”。

古今造园必有水，网师园顾名思义，以水为主，池名传说是彩霞池。相传它以南宋园主史正志爱女的芳名而得名，并沿用至今。网师园主景就是这一池碧水，池水去来无踪，有水源不尽之意。过桥以

后，水体空旷如一片汪洋，以象征园主的江湖之思，体现了渔隐愿望和与世无争的生活情趣。

围绕彩霞池，竹外一枝轩与月到风来亭互为对景，再加上濯缨水阁，皆临池而筑，可从不同角度观赏水景。而南侧小山丛桂轩藏于黄石假山中，北部看松读画轩与其隔池相对，松柏长寿，苍翠依旧。

从池塘南黄石假山向东走，便来到了网师园中部山水主景区的最佳景点——引静桥。这是苏州，据说也是全国园林里最小的石拱桥，俗称“小拱桥”，誉称“袖珍小桥”。游人过桥三步便成，所以又叫“三步桥”。桥愈小，愈觉水面宽阔，拱桥架在河面上，起到分隔水面的作用，达到中心水面与泉流藏引贯通的效果。一池绿水到此形成小涧蜿蜒南去，流向深远，使池水有源头无尽之感。小涧、小桥反衬出水池的宽广，这是小中见大的典型范例。

几步跨过的小桥，半日逛完的园子，却因造园技艺的高妙、园名所托的情致，而拥有可以看一生的无穷滋味，寓一世的安稳悠然。

引静桥

拓展问答

苏博士，那座“藻耀高翔”砖雕门楼上的图案太精致了，它们有什么寓意呢？

门楼左侧砖刻“郭子仪上寿”图，图中郭子仪端坐正堂，8个文武官员依次站立，或捧贡品，或拿兵器。郭子仪在平定安史之乱时立了大功，被封为汾阳王，他的8个儿子、7个女婿都是朝廷命官，加上他长寿，活了84岁，这幅戏文图的寓意即“福寿双全”。右侧砖刻“周文王访贤”图，图中姜子牙长须披胸，端坐渭河边，周文王单膝下跪以示求贤，文武大臣前呼后拥。文王以大德著称，姜子牙以大贤著名，以喻“德贤齐备”。

我在濯缨水阁内摘抄到两副对联，其中一副是郑板桥书写的“曾三颜四，禹寸陶分”八个字，这是什么意思呀？

“曾三颜四，禹寸陶分”八个字说了四个典故：曾子有每天自我反省的精神；不合乎伦理道德的，颜子就不看、不听、不说、不做；大禹珍惜每一寸光阴；陶侃勤奋谦逊、珍惜“分阴”。四个典故都是儒家立德的标准，耐人寻味。

课外活动

游览网师园时留意一下园主人读书和听琴的馆室分别在哪里，观察它们的特点，互相交流。

3 网师园里养老虎

苏博士导读

几百年来，网师园以她独特的魅力，静静地诉说着自己的故事。今天，我们就在网师园里，探寻属于她的故事吧！

苏博士，我们已经成立了新的探究小组。

是什么小组呀？

当然是——故事小组啦！我们要把每个园林里的故事搜集起来，让更多的人知道！

太好了！同学们真是越来越进步了！

苏博士课堂

历史上网师园的园主大多为文人雅士，各有诗文碑刻遗于园内，留下了许多耐人寻味的故事。但最为传奇的，莫过于网师园里住过一只老虎。

老虎是猛兽，不盘踞于深山老林，也没被关在动物园的铁笼子里，反而和人同住一院，同起同睡——谁的胆子这么大？原来是画家张善孖。

当时网师园被张作霖购得，赠予张锡銮，而张善孖的弟弟张大千与张锡銮的儿子张师黄关系很好，于是张氏兄弟有了住在网师园里的机会。

张善孖喜欢画老虎，其实跟他身处的时代有关。那时候国家积弱，内忧外患，张善孖希望国家富强，像老虎一样勇猛，以画虎宣传抗战救亡，鼓舞士气，激发民族自信心。

想要画好老虎，近距离地观察是必要的，张善孖养过不止一只老虎，但都没活下来。1936年，国民党将领郝梦龄的部队在贵州的深山里抓到一虎崽，在总参议朱柏林处养着。过了一阵子，虎崽长大了一点，朱柏林担心猛兽长大会有危险，想到了爱虎的老友张善孖，便致电问他：我有一头老虎送你，你要不要？张善孖收到电报，喜出望外，拖着病体连忙赶往汉口迎接。小老虎是接到了，但没有船敢运，他遍寻交通工具无果，幸而何应钦应允，可以搭他运军火的船到南京，于是辗转归苏。张善孖抱着小老虎来到网师园，整个苏城引为奇事。

小老虎被放养在网师园里，不关笼子，不上锁链，上蹿下跳，自由无拘，张善孖亲切地唤它“虎儿”。虎儿长得很快，在张善孖的精心喂养下，有了威风凛凛的身姿，经常会虎啸，吓到一众来客。不过，虎儿与张善孖长久相处，已有默契，猛兽竟显得十分通人性，常与主人嬉闹撒娇，温驯不已。

张大千后来回忆道，虎儿有吃夜宵的习惯，晚上饿了，它便跳到兄长的房间要夜宵吃……当时若跟张氏兄弟学画，拜师的时候得连同虎儿一起拜，足见张善孖对虎儿的宠爱。

虎儿后来死了，就埋在网师园中。究竟怎么死亡的，有几种传说。其中一种传说是抗战爆发后，张善孖一家为躲避战乱只得离开苏州，把虎儿托付给弟子吴子京照看。后来吴子京也避难暂离苏州，怕虎儿走失，就将它锁在笼子里，边上放了几十斤牛肉。几天后回来发现，虎儿吃光了余粮，饿死了。张善孖听到消息悲痛不已。1982年，张大千在海外仍然怀念着网师园故居，缅怀仲兄张善孖，寄情虎儿，于是题写“先仲兄所豢（huàn）虎儿之墓”，寄回苏州，现在这一手迹已经被镌刻成碑，置于埋虎之处。

至今在网师园里，还能看见张氏兄弟为虎儿立的墓碑，不知你是否有留意到呢？

拓展问答

苏博士，我们现在休息的这座亭子，为什么叫“月到风来亭”呢？

“月到风来亭”之名取意自宋人邵雍诗句“月到天心处，风来水面时”。亭东的柱子上，挂有清代何绍基的对联“园林到日酒初熟，庭户开时月正圆”。这是园林之亭的文人雅意所在。亭内正中悬着一面大镜子，每到明月初上，便可看见水中、镜中、天上三个明亮的月亮，构成了一道奇景。

爸爸，您能介绍一下张善孖与张大千吗？

张善孖是画虎的名家，自号“虎痴”“虎髯”，人称“虎公”“张老虎”。他的弟弟张大千则是著名的国画大家，与齐白石、溥心畬（yú）齐名，分别并称为“南张北齐”和“南张北溥”。

课外活动

分小组搜集张善孖、张大千的画作资料，每组派一个代表，给大家展示你们的成果吧！形式可以多样哦！

4 网师园最后的主人

苏博士导读

同学们，前面几课我们了解了网师园的建园史，也知道了网师园里曾住过特殊的老虎客人，那你们知道网师园的最后一任主人是什么来历吗？

课后我查了资料，原来网师园的最后一任主人何家在我国近代史上赫赫有名！

能买下网师园作为私宅，一定是非常富裕的人家。

哈哈，不只是因为这个。何家几代人都为中国的园林和文物保护做出了巨大贡献，而且出了好多科学家，今天我们就来听一听他们的事迹！

何亚农

苏博士课堂

说到苏州网师园，很自然会想到“何氏三姐妹”的父亲、园林曾经的主人——何亚农。

何亚农（1880—1946），灵石（今属山西）人。原名何澄，字亚农，号真山。何亚农出身于书香世家，当地流传有“无何不开科”的说法，家学可见一斑。何亚农自幼耳濡目染，酷爱古董文物字画。1905年，何亚农加入了孙中山领导的同盟会，是同盟会的元老。

1911年，辛亥革命爆发，何亚农协助陈其美光复上海，后来陈其美遇刺身亡，何亚农心灰意懒，就此解甲归田，并定居在苏州南园。何亚农与物理学家、翻译家、曲学家王季烈的妹妹王季山结为伉俪，王季山的母亲就是著名的近代教育家、振华女子学校创始人王谢长达。何家有多处宅邸，其中就包括网师园，以及日后经合并成为南园宾馆的灌木楼。何亚农声望既隆，有财力又有品鉴的眼光，便广收名作，以充名园。

早在张善孖、张大千还住在网师园的时候，何亚农就常常与张氏兄弟一起赏画论诗、把玩古董，成为知友同道。1940年，张锡銮去世后，何亚农从张师黄手里购得网师园，费时三年，全面整修并充实家具、古玩、书画陈设，还恢复了其旧名。

抗日战争时期，苏州大多数的园林都遭到了日本侵略者的践踏，雕梁画栋被拆下投入火中，幽幽檀木香为牲畜排泄物的污浊臭气所覆盖，其情形让人痛心疾首。唯独网师园，在何亚农的守护之下，得以不被惊扰。

何家有八个孩子。何亚农的三个女儿分别是何怡贞、何泽慧和何泽瑛，她们后来成为中国科学界三位杰出的科学家。其中何怡贞、何泽慧是物理学家，而何泽瑛则是植物学家。何亚农的五个儿子又分别是工科、医科的资深专家，个个是人才，于国家是大幸事。

1946年，何亚农在北平病故，此后网师园由王季山继承。1950年王季山逝世后，他们的八个儿女根据父母生前的意愿，一起将其竭力保护和修缮的网师园和灌木园献给了国家。

化私为公，天下共赏。何家两代人为园林保护做出的贡献值得后人铭记。

拓展问答

苏博士，何泽慧先生被称作“中国的居里夫人”，是权威的物理学家，再详细介绍一下她吧。

何泽慧天资聪颖，学习刻苦，从清华大学物理系毕业后赴德国留学，后又在法国进入了巴黎大学居里实验室。她与丈夫钱三强共同做研究、发表论文，在中华人民共和国成立之际，一起回到祖国。何泽慧为中国原子弹、氢弹的理论研究做出了卓著的贡献，是中国原子能事业的开拓者和奠基人之一。

除了网师园，灌木楼里是不是也有许多珍藏？

南园宾馆的前身灌木楼中，曾两次发现大量的文物。1956年，南园宾馆的工作人员在打扫时，无意中发现一间暗室，里面有二十多只贴了封条的“宝箱”，清点出字画、印玺等各类文物一千多件，以及数百册善本古籍。20世纪80年代末，何泽瑛偶然记起父亲可能还有一笔珍藏，就埋在灌木楼前棕榈树下的土坡里。南京博物院的专家按照她提供的线索，果然在小土坡里挖到数十块上等田黄、鸡血石等名章。何亚农的子女们再次将灌木楼的藏珍无偿捐献给国家，并悉数捐出国家颁发的奖金，得到了社会的高度赞扬。

课外活动

请你制作一张何家的家谱，把何家主要成员的身份、成就列在名字下方。

园林拾遗关键词

★ 艺圃：文震孟、文震亨

★ 环秀山庄：戈裕良

★ 耦园：沈秉成

★ 退思园：任兰生

第六单元

园林拾遗

1 隔断城西市语哗——艺圃

苏博士导读

同学们，今天我们又有新的目的地了，那就是艺圃。

太好了！艺圃是我爷爷最喜欢去的园林。

艺圃是苏州名园之一。可能很多人对艺圃都不熟悉，它藏在闹市小巷深处，不太好找，但许多老苏州非常喜欢去艺圃里“孵茶馆”，喝茶、聊天。

艺圃可是园林中的拍照圣地，我们赶紧出发吧！

苏博士课堂

艺圃是苏州现存明式小园林的代表，隐于深巷之中，位于苏州阊门内天库前文衙弄。艺圃始建于明嘉靖年间，四百多年来历经沧桑，主体风格却无多大变化，开朗简练的叠山理水手法，以及“闭塞中求敞”“浅显中求深”“狭隘中求险”的哲学诉求，至今还强烈地震撼着每一位与之谋面的有缘人。

对艺圃有“开山之功”的是明代进士、学宪袁祖庚。袁祖庚雅洁自好，但因官场腐败，40岁就被罢官，于是他来到苏州归隐，在当时“吴中士大夫往往不乐居此”的地方，草创了艺圃（当时名“醉颖堂”）。

艺圃的第二任主人是文震孟。文震孟的曾祖父就是大名鼎鼎的文徵明。文震孟考中状元后一直在京为官，秉公为政，廉洁自律，最后官至大学士。他与弟弟文震亨在朝廷的党派斗争中立场坚定，不屈不挠，始终站在东林党人一边，受到拥戴。万历四十八年（1620），文震孟购得醉颖堂，对已经荒废的园子略加修葺，将醉颖堂改名为“药圃”（遍植中草药，遂名）。其后几十年，药圃格局没有大变过，基本上保存了醉颖堂时期“写意山水园”的特色。

明末清初，园归山东莱阳人姜埰。姜埰，明末大臣，因直言政治触怒崇祯皇帝被贬官，后辗转寓居苏州，成了艺圃的第三任主人。他改药圃名为颐圃、敬亭山房。姜埰逝世后，他的次子姜实节又将敬亭山房改名为艺圃。作为明王朝的遗老遗少，姜埰父子的传奇经历，以及誓不事清的刚烈风范，为艺圃带来了更多的声誉。

后来此园又数易其主，但园名仍叫艺圃。

到艺圃必去延光阁。艺圃不大，而延光阁却是苏州园林中最大的水榭，可将全园景致尽收眼底，是全园最佳的观景点。老苏州喜欢来此品茗，避开游人如织的节假日，在寻常日子里坐在窗边，沐浴在阳光里，手边一壶冒着热气的碧螺春，抬眼间是粼粼波光、葱茏草木，以及乳鱼亭的飞檐翘角。

著名建筑设计师王澍（shù）在设计苏州城市学院（原苏州大学文正学院）图书馆时，就参考了艺圃中乳鱼亭和延光阁的对望关系。乳鱼亭为明代遗物，位于水池之东，是凭栏赏鱼的佳处。王士祯在《艺圃杂咏》诗里说“幽人知鱼乐”“宛有江湖意”，有庄子濠梁观鱼“子非鱼，安知鱼之乐”的意蕴。

池西长廊名为响月廊，有楹联“踏月寻诗临碧沼，披裘入画步琼山”。上联讲秋色，园主踏着明月，在碧水盈盈的池边寻觅诗句；下联写冬日，披着裘衣的游人，漫步在长廊，看池边亭台假山，被洁白的雪花打扮成琼山，一片银装素裹。可见园景犹如绝妙画卷！

现在，这座古老的园林已被联合国教科文组织列入世界文化遗产，越来越多的游客慕名而来。每年四五月间，艺圃的蔷薇成为苏城一景，若未见过，一定要去看看！

拓展问答

苏博士，文震亨是不是写过一本记录园林的专著？

没错！文震亨所著《长物志》与计成所著《园冶》被称为我国古代园林艺术的双璧。《长物志》中与园艺直接有关的有室庐、花木、水石、禽鱼、蔬果五卷，另外七卷书画、几榻、器具、位置、衣饰、舟车、香茗，看似与园林无关，但依古人之见，书画、器具、衣饰、品茗等也是园林生活、园林环境的一部分。“长物”原指“身外之物”，即多余的东西，后来也指像样的东西、好的东西。文震亨在这部著作中表达了自己诗意生活的取向：远实用、近审美，借此建立起了一个时代文人的全部精神生活。

课外活动

艺圃中的乳鱼亭是明代遗构，亭内斗拱、梁枋和天花板上都有造型独到的彩色混间草龙图案。试着找一找这些珍贵的明代彩绘。

乳鱼亭

2 奇石胸中百万堆——环秀山庄

苏博士导读

同学们，今天我们要去访一访环秀山庄。

环秀山庄里的假山可有名了！

哇，是不是可以爬假山了？我最喜欢啦！

这里的假山是不可以攀爬的！环秀山庄的假山由叠山大师戈裕良堆叠。“奇石胸中百万堆，时时出手见心裁”，环秀山庄的这座假山就是戈大师最出色的作品。乐乐，我们一起参加园林假山研究小组吧！

真是个好主意！假山研究小组的同学们，去探寻更多有关环秀山庄假山的知识吧！

苏博士课堂

环秀山庄位于苏州城中景德路272号，1997年底被联合国教科文组织遗产委员会列为世界文化遗产，苏州刺绣研究所就坐落在环秀山庄内。环秀山庄面积约为3亩，却集建筑、园林、雕刻、诗书等传统艺术于一身，突出了园林建筑中雄、奇、险、幽、秀、旷的特点，是我国传统文化宝库中的一朵奇葩，它特色鲜明地折射出中国人的自然观和人生观。

晋代王珣、王珉兄弟舍宅建景德寺，后成为五代时期吴越王钱镠（liú）之子钱元璙的金谷园，其后屡有兴废。宋代为文学家朱长文的乐圃，明嘉靖年间先后改为学道书院、督粮道署。万历年间为大学士申时行住宅，明末清初，申时行后裔申继揆（kuí）加以扩建，取名“蘧（qú）园”。清乾隆年间为刑部员外郎蒋楫宅，蒋氏建有“求自楼”，并于楼后叠石为山，掘地三尺余，有清泉流溢汇为池，名泉为“飞雪”，并造屋筑亭于其间。其后相继为尚书毕沅（yuán）、大学士孙士毅宅。孙氏后人孙均雅好林泉，于嘉庆十二年（1807）邀请叠山名家戈裕良重构此园。戈裕良在半亩之地所叠假山有尺幅千里之势，从此该园以假山名扬天下。道光二十六年（1846），汪氏购建汪氏宗祠，立耕荫义庄，并重修东北部花园，称“颐园”，民间称“汪园”。又因园中面山大厅名“环秀山庄”，园名即称为“环秀山庄”。后经咸丰、同治年间战事，园多毁损。光绪中重修。及至1949年，仅存一山、一池、一座舫。

环秀山庄假山面积占全园的三分之一。戈裕良所叠假山既有远山之姿，又有层次分明的山势肌理。正面山形颇似苏州西郊的狮子山，主峰突起于前，次山相衬在后，雄奇峻峭，相互呼应。主山以东北方的土坡作起势，呈连绵不断之状，使主山不仅有高耸感，又有奔腾跃动之势。西南部垒叠湖石形成崖峦，向外斜出充满动感。山体以大块竖石为骨架，叠成垂直状的石壁，收顶峰端，形成平地拔起的秀峰，峰姿倾劈有直插江边之势。山脚与池水相接，岸脚上实下虚，宛如天然水窟，又似一个个泉水之源头，与雄健的山石相对照，生动自然。

建筑学家刘敦桢先生评价环秀山庄的假山：“苏州湖石假山当推此为第一。”陈从周先生以中国诗歌史上的双子星李白和杜甫的诗相比拟：“环秀山庄假山，允称上选，叠山之法具备。造园者未见此山，正如学诗者不知李杜。”足可见其高明与地位。

晚清朴学大师俞樾为苏州环秀山庄撰有一联：“丘壑在胸中，看叠石疏泉，有天然画本；园林甲吴下，愿携琴载酒，作人外清游。”环秀山庄以“叠石流泉”为主要特色，山为主，池为辅，依山傍水点缀着二亭一榭，真是咫尺天地，再造乾坤，既凝聚了中国传统山水诗、山水画的美学意境，又能融五岳奇峰、括天下胜概于胸中，自成天然画本。

拓展问答

苏博士，我们通过查找资料了解到，清代叠山大师戈裕良保存至今的叠石之作只有三处：一处在常熟的燕园，一处在扬州的小盘古，第三处就是环秀山庄。

你们小组的活动真有收获！在戈裕良大师这三处作品中，环秀山庄保存得比较完整，并且应该是他的精心之作。园林艺术界对环秀山庄的叠石假山可以说是众口赞誉，认为它不仅是苏州园林第一，而且是我国园林现存叠石假山中的“神品”。环秀山庄也因此而驰名中外！

课外活动

在欣赏环秀山庄的假山之余，也探究一下园内建筑的特色，寻找园内有哪些名人留下了墨宝，互相交流。

3 耦园住佳耦——耦园

苏博士导读

上节课我们欣赏了环秀山庄内的湖山假石，今天，我们要来欣赏可以与它相提并论的另一处著名假山——耦园的黄石假山。

太好了，又到了我们摄影小组的“美图”时刻啦。

逛园林，不应该是我们建筑小组的主场吗？小美，你可以多帮我拍点照片哦！

孩子们，我们的每一次活动，只有团队合作，才会更有收获啊！

苏博士课堂

耦园坐北朝南，三面环水。南沿小新桥巷，大门面水，有河埠驳岸码头，一条沿河小路笔直地伸展出去，连着西面的人家；北临小柳枝巷，后门设有私家码头，东接内护城河，如今依然橹声欸乃。

在这不显山露水的市井之间、简陋的民居周围，耦园如幽兰般保持着自我芬芳的简洁文雅，像它的主人一样，沉浸于甜蜜和安谧的生活，像苏州古城一样，永远保留着最鲜明的个性和最丰富的内涵，就像贝聿铭先生所说“有明遗构”。

耦园原名涉园，为清顺治年间陆锦归还故里所建，名取自陶渊明的《归去来兮辞》中“园日涉以成趣”之句，体现了主人游园时不断追求、品味日常生活的情趣。同治十三年（1874），苏松太道道台沈秉成从上海来苏养病，偕妻退隐，买下涉园，请了当时的名画家顾沄在涉园的基础上拓展开辟，这样就形成了今天的耦园。取名“耦”，本意是两人并肩耕作的意思，后又引申为夫妻、佳偶之意，道出了整个园宅的特征：布局上以中轴对称、东西对应。

耦园东花园的主要景点为黄石假山，这是涉园的遗存，素有盛名。西花园则以湖石构景，舒展绵延。同时，个体建筑也或东西，或南北，或上下，或明暗，或高低等两两呼应。

东花园中黄石假山气势雄伟，浑厚古朴，属苏州园林假山之上品，传为造园名家张南阳所作，代表了黄石假山的最高水平，与苏州环秀山庄的湖石假山并称“苏州假山之冠”。东侧主山，陡峭险峻，名“留云岫”；西侧小山，山势平缓，名“桃屿”。两山之间有一谷道，两侧削壁如悬崖，名“邃谷”。主山东边转为绝壁，直泻“受月池”，是全山最精彩处。主山北侧，竖大石数排，结构似巨石自然风化剥裂，给人以险峻、苍劲感。

东花园主体建筑是一组退居北端的重檐楼阁读书楼建筑群，楼前有月台，楼中有天井四处，整个造型气势雄伟。楼中间设大厅三间，下名“城曲草堂”，上名“补读旧书楼”，装修陈设气度不凡。楼区东端略向南突，呈曲尺形，上层名“双照楼”，下层名“还砚斋”。双照楼三面临窗，面南可得日月双照，是全园赏景佳处。

西花园以藏书楼、书房为特征，突出书斋与庭院的有机结合。整体环境以织帘老屋为中心，与东花园的山水游赏体验相区别，利用湖石的纤巧柔媚、古木的深沉浓荫，创造出安宁、圆熟的胸壑山水。在东花园载酒胜赏之后，再在西花园获得精神的享受。也许园主的心情是复杂的，但是潇洒散淡的生活却真切地体现在整个园林的气质里。

耦园的几个角落都建有楼阁，墙外的风光与院内的风景相互连接，使耦园隐而知天下事，保持着江南人家平常心中的不平常。在某种意义上讲，耦园俨然是苏州现存最具地域特色的古典园林。

拓展问答

苏博士，我们诗词小组在耦园中摘抄到了两副对联，您给我们讲讲其中的意思吧！

卧石听涛满衫松色；
开门看雨一片蕉声。

佳耦记当年，林下清风绝尘俗；
名园添胜概，门前流水枕轩楹。

第一副对联上句是说，卧在山石上静听水波之声，衣衫上洒满松树的光影；下句是说，开门看雨，听到蕉叶上“嘀嗒，嘀嗒”的雨声，清脆悦耳。全联描述了隐居生活的散淡与自在。

第二副对联上句是说沈秉成夫妇花前月下，优游唱和，伉俪情深。联句中“林下清风”本指妇女飘逸风致，这里借喻沈秉成、严永华夫妇的风致。下句描绘耦园优美的地理位置及空间环境。耦园三面临水，又僻处小新桥巷，是一处幽雅的隐逸之地。

“耦园住佳耦，城曲筑诗城。”佳偶连理，永结同心，耦园无言地诉说着这对夫妇一生相守的故事，隽永而深情。

课外活动

搜集耦园春夏秋冬四季的美景图片，六人小组合作，制作成PPT，课堂上一起交流欣赏。

4 别致玲珑超自然——退思园

苏博士导读

同学们，我们的园林之旅马上结束了，大家对苏州园林有什么印象呢？

每一个园林都有一段悠久的历史，一草一木皆有故事，一匾一联都有出典，我学到了很多新的诗词。

园林都分布在市中心，真是闹中取静！

乐乐，今天我们要去的园林可不在市中心。

小美说对了！今天的目的地是退思园，它位于江南六大古镇之一的吴江同里。作为园林之旅的最后一站，同学们也可以思考一下，退思园与其他的园林有什么不同之处。让我们带着问题来一探究竟吧！

苏博士课堂

在被列为世界文化遗产的九座苏州园林中，退思园是唯一坐落于江南古镇的园林。

退思园的园主任兰生是同里镇人。早先，任兰生多次参加科举都未能考中进士，于是转而投军。十几年过去，任兰生渐渐在军中站稳脚跟，正当他准备一展宏图之际，竟遭人弹劾，幸得好友左宗棠与彭玉麟相助，保住了身家性命，最终被革职，再无缘仕途。光绪十一年（1885），任兰生解职回乡，便建造宅园，取名“退思”，园名取自

退思草堂

《左传》："林父之事君也，进思尽忠，退思补过，社稷之卫也。"退而思过，这是他对慈禧问责的回答。"退思补过"本意在于补救君王之过，任兰生在被革职归乡之后建园，取"退思"之名，似有韬光养晦、反思己过之意。

回乡，自然是回到同里。同里是水乡，退思园便造成了贴水园（陈从周语），山、亭、堂、廊、轩、榭、舫皆紧贴水面，园如出水上，可谓独秀江南。这座占地九亩八分的宅第园林为横向建造，即西宅东园，其中东园又分东西两侧，西边是庭院，东边是花园，内园以高墙相隔。退思园的设计者袁龙在不大的园子里巧妙设计了坐春望月楼、退思草堂、琴房、眠云亭、菰雨生凉轩、闹红一舸（gě）等建筑，简朴无华，素静淡雅，具晚清江南园林建筑风格。

旱船闹红一舸名称取自宋姜夔（kuí）词《念奴娇·闹红一舸》的上阕：“闹红一舸，记来时尝与鸳鸯为侣，三十六陂（bēi）人未到，水佩风裳无数。”“闹红”指的是盛开的荷花，“舸”指的是大船。船在无人的荷花荡里穿行，花红叶绿，美不胜收，面对如此美景，心情自然舒畅。闹红一舸刷上了鲜艳的红漆，在一片郁郁葱葱的绿意中，这一抹朱红格外显眼，正与池子里数尾活泼的红鲤鱼相互呼应。

菰雨生凉轩之名同样取自姜夔《念奴娇·闹红一舸》：“翠叶吹凉，玉容销酒，更洒菰蒲雨。”西湖“三潭印月”彭玉麟作有联句：“凉风生菰叶，细雨落平波。”菰雨生凉轩背临荷池，原轩周植荷花、菰蒲，芦苇摇曳，轩南植芭蕉、棕榈，夏秋季节，轩内凉风习习，荷香阵阵，阵雨突至或者细雨淅淅之时，荷叶、菰蒲、芦苇、芭蕉、棕榈都成了奏乐的琴键，演奏出天籁之音。

闹红一舸

莫道园林小，佳景知多少。退思园虽小而求齐全，集清代园林之长，清淡雅宜，趣味横生，堪称江南古典园林的经典之作。孔子曰：“智者乐水，仁者乐山。”退思园以其深刻的文化内涵，给人以遐想和启迪。

1986年，美国纽约市在斯塔滕岛植物园内，以退思园为蓝本，建造了一座江南庭园，取名“退思庄”，小小退思园就此走出中国，走向世界。继1997年，苏州古典园林中的拙政园、留园、网师园和环秀山庄被列入世界文化遗产名录后，2000年，退思园与沧浪亭、狮子林、耦园、艺圃一起作为苏州古典园林的扩展项目，也被列为世界文化遗产，从此园林之城苏州翻开了崭新的一页。

拓展问答

苏博士，我注意到园西回廊边上的漏窗很有特色，里面嵌着字，是什么意思呢？

退思园的九曲回廊上，九扇漏窗镶嵌着的九个高古拙朴的石鼓文字，连起来就是“清风明月不须一钱买”，取自唐李白《襄阳歌》“清风朗月不用一钱买，玉山自倒非人推”，表达了一种乐观豁达的心态。

课外活动

除了明轩、退思庄，国外还以苏州园林为蓝本建造过哪些园林？搜集资料，互相交流。

附录　苏州园林一览

姑苏区

拙政园——东北街 178 号
留园——留园路 338 号
网师园——阔家头巷 11 号
环秀山庄——景德路 272 号
沧浪亭——沧浪亭街 3 号
狮子林——园林路 23 号
艺圃——文衙弄 5—7 号
耦园——小新桥巷 5—9 号
曲园——人民路马医科 43 号
天香小筑——人民路 878 号
织造署旧址——带城桥下塘 18 号
北寺塔——人民路 1918 号
寒山寺——寒山寺弄 24 号
五峰园——五峰园弄 15 号
西园——留园路西园弄 18 号
惠荫园——南显子巷 18 号
听枫园——庆元坊 12 号
怡园——人民路 1265 号
畅园——庙堂巷 22 号
可园——人民路 708 号
鹤园——韩家巷 4 号
北半园——白塔东路 60 号
柴园——醋库巷 44 号
残粒园——装驾桥巷 34 号
遂园——景德路 303 号
塔影园——山塘街 845 号
朴园——校场桥路 8 号

全晋会馆——中张家巷 14 号
苏州博物馆花园——东北街 204 号
忠王府——东北街 204 号
墨客园——干江路大新桥巷 10 号
揖秀园——吴趋坊 117-5 号
延林园——西北街 50 号（竹之苑）31 幢

万氏花园——王洗马巷 7 号
拥翠山庄——虎丘山风景名胜区内
南半园——仓米巷 24 号
慕园——富仁坊巷 72 号
吴家花园——东小桥弄 3 号
绣园——马医科 27 号
陶氏花园——盛家浜 8 号
雷氏别墅花园——庙堂巷 8 号
墨园——人民路 2114 号
顾氏花园——申庄前 4 号
双塔影园——官太尉桥 15、17 号
詹氏花园——间邱坊 4、6 号
唐寅故居遗址——西大营门双荷花池 13 号
渔庄——石湖渔家村
明轩实样——白塔东路 1 号东园内
万景山庄——山塘街山门巷 8 号虎丘山风景名胜区东南麓
西溪环翠——山塘街山门巷 8 号虎丘山风景名胜区西南麓
一榭园——山塘街山门巷 8 号虎丘山风景名胜区北
一枝园——枫桥路枫桥风景名胜区江枫洲内
师俭园——马大箓巷 37 号
南石皮记——南石皮弄 4 号
玉涵堂——山塘街东杨安浜 16 号
尚志堂吴宅——西北街 88 号

吴中区

严家花园——木渎镇山塘街 188 号
启园——东山镇启园路 39 号
古松园——木渎镇山塘街 25 号
保圣寺——甪直镇上塘街 19 号
高义园——天平山南麓天平山风景区内
寒山别业遗址——天平山西北侧
铜观音寺花园——光福镇下街 38 号
司徒庙后花园——光福镇香雪村福湖路司徒庙内
榜眼府第——木渎镇下塘街 32 号
虹饮山房——木渎镇山塘街 56 号
瑞园——太湖度假区香山街道舟山村 99 号
小筑春深——临湖镇临湖路 999 号太湖园博园内
灵岩山寺花园——木渎镇灵岩山寺内
乡畦小筑——木渎镇灵天路 98 号天邻风景花园内
道勤小筑——东山镇杨湾寺前村
醉石山庄——东山镇槎湾和杨湾之间环山路
芥舟园——金庭镇东蔡村秦家堡
嘉树堂——东山镇金嘉巷 18 号
维摩精舍——金庭镇金庭路 5 号
惠和堂——东山镇陆巷古村内
怀古堂——东山镇陆巷古村内
宝俭堂——东山镇陆巷古村陆巷蒋湾港嵩峰山麓
东山雕花楼——东山镇紫金路 58 号
雕花楼（仁本堂）——金庭镇堂里村

相城区

后乐园——阳澄湖镇凤阳路 5 号

苏州高新区（虎丘区）

石佛寺——石湖茶磨山下
石湖梅圃——上方山森林公园内

吴江区

退思园——同里镇新填街 234 号
师俭堂——震泽镇宝塔街 12 号
耕乐堂——同里镇上元街 127 号
先蚕祠花园——盛泽镇蚕花路 126 号
珍珠塔园——同里镇石皮弄 16 号
环翠山庄——同里镇大叶港畔
静思园——云梨路 919 号
端本园——黎里镇中心街大观弄底
南社通讯处旧址——黎里镇浒泾街中段

昆山市

张厅——北市街 38 号
顾炎武故居——千灯镇南大街 52 号

张家港市

恬庄榜眼府——凤凰镇恬庄古街
枫华园——暨阳路与公园路交界处沙洲公园内

常熟市

燕园——辛峰巷 8 号
曾园——翁府前 7 号
赵园——翁府前 7 号
兴福禅寺——寺路街 148 号
松梅小圃——沙家浜镇唐市片区王家山
方塔园——环城东路 28 号
聚沙园——梅李镇梅东路 1 号
读书台——虞山东南麓石梅街
拂水山庄——虞山镇环湖南路尚湖风景区内
翁家花园——虞山镇书院街 1 号常熟市第一人民医院内
倚晴园——北门大街 45 号虞山公园内

太仓市

南园——城厢镇南园东路 7 号